北京市教育学会"十四五"教育科研课题（FTBY20
北京市教育技术应用研究课题（BENIC2021060015）研究成果
幼儿园优质园本课程

# 幼儿园数字化美术特色课程
## 大　班

佟丽文◎主编

中国农业出版社
农村读物出版社
北　京

# 编 委 会

# 序

　　目前，学前教育改革的重要路径之一就是数字化赋能。如何将幼儿园教育数字化应用与园本课程相结合，形成高质量的学前教育？这是幼儿园要思考和解决的重要课题，也是新时代学前教育发展的需要。北京市丰台区青塔第二幼儿园一直致力于数字化教学手段的课题研究，不断创新教育模式和手段，探索数字化的信息技术与幼儿美育相融合的路径，为幼儿美育发展提供有力的支持。本书是她们多年教、科研的成果，充分展现了幼儿园数字化整合教育资源的智慧，形成了一套行之有效的数字化美术特色课程。

　　这套数字化美术特色课程是幼儿园基于多年的教育实践与探索，运用各种信息技术手段，开展了形式多样的数字化美术教学活动，形成了幼儿园特有的数字化美术教学资源，具体包括白板课件、实录课视频、手工微课视频、与教学内容相关的动画片、纪录片、电子互动游戏、角色配音等，通过屏幕操作、互动学习、亲身体验，让幼儿的学习变得更轻松、更有趣，更能激发幼儿的主观能动性，让孩子们在数字时代提高自己的思想认知，在神奇的数字化美术世界里放飞自己的艺术梦想，实现自己的艺术创想。

　　这套数字化美术特色课程分为小、中、大班，上、下学期，共96节美术活动。教师们精心设计了不同的活动内容和形式，遵循3~6岁幼儿的年龄特点和认知水平，尊重幼儿身心发展规律、学习特点及个体差异，满足幼儿多样化的美术需求。活动内容包括创意绘画、手工制作、美术欣赏三大类，在激发幼儿无限创意的同时，使幼儿富有个性地发展，着重培养幼儿的想象力、表现力和创造力。

这套课程体系按照小、中、大班进行设计，突显各年龄班不同幼儿的美育目标，活动形式丰富多样且适合不同年龄段的幼儿，如小班幼儿的美术活动形式包括撕纸、拓印、手指点画、树叶添画、石头添画、泥工、自然物手工制作、水墨画、玩色等；中班幼儿的美术活动形式包括撕贴添画、植物敲染、扎染、泥工、手指印画、折纸、剪纸、锡纸画、泡泡画、叉子水粉画、综合材料手工制作（包括纸筒、纸盘、纸袋、纸杯、毛根、自然物、废旧物等）、国画欣赏等；大班幼儿的美术活动形式包括创想画、线描装饰画、剪影水粉画、透明膜画、版画拓印、立体书制作、立体纸工、综合材料手工制作（包括塑料瓶、毛根、锡纸、废旧物等）、皮影制作、泥工（如超轻泥、陶泥等）、国画欣赏等。

这套数字化美术特色课程改变了传统的美术活动教学模式。教师充分运用信息技术制作幼儿美术教学的数字化资源，打造微课视频、希沃白板课件，利用"秀米"APP、网络平台等资源辅助美术教学，丰富幼儿美术经验，支持幼儿自主创作、深度学习与探索，促使幼儿在创造性的美术活动中大胆地表达自己的想法，引导幼儿积极运用艺术形式表现自己的情绪、情感，表达对真实生活的理解，提高幼儿欣赏美和感受美的能力，促进幼儿表现与创作能力的发展，帮助幼儿积累美术关键经验。最终，形成了幼儿园数字化美术资源库，助力幼儿园美术教学，使幼儿园的美术教育活动更加生动、科学、有效。

朱维文

2024 年 3 月

# 目　录

序

# 第一章 概　述

## 一、幼儿园数字化美术活动的背景

### (一)国家重视美育和数字化深度融合

中共中央办公厅、国务院办公厅印发了《关于全面加强和改进新时代学校美育工作的意见》，在"不断完善课程和教材体系"中提到"学前教育阶段开展适合幼儿身心特点的艺术游戏活动"。由此可见，美育工作在学前教育阶段的重要性。

此外，教育部在《教育信息化 2.0 行动计划》中特别强调："坚持信息技术与教育教学深度融合的核心理念。"这也体现了国家在信息教育中强调数字化与教育深度融合，进一步落实"因人施教"的策略，提高教育质量。

### (二)幼儿富有个性化的发展需求

《幼儿园教育指导纲要(试行)》(以下简称《纲要》)中明确指出："尊重幼儿在发展水平、能力、经验、学习方式等方面的个体差异，因人施教，努力使每一个幼儿都能获得满足和成功。"幼儿园教育应尊重幼儿的人格和权利，尊重幼儿身心发展的规律和学习特点，关注幼儿个体差异，使每个幼儿都能富有个性地发展。幼儿的个性得到尊重和发展，将对其一生起着重要且深远的影响。

### (三)立足园所发展，促进园本课程建设

幼儿园在"十二五"期间就开始注重对幼儿教育信息技术的研究，坚持以儿童为本，立足教学实践，促进信息技术与教育教学的融合，关注幼儿创造性思维的培养，将创造心理学的理论、方法和美术创造的规律、方法结合起来，认真贯彻《纲要》《3～6 岁儿童学习与发展指南》(以下简称《指南》)的精神与要求，进行具体的美术教育实践探索，将各领域课程与信息技术巧妙地结

合在一起，利用多媒体技术解决教学活动中的重、难点。例如：在一体机的课件中，通过拖拽长颈鹿的头部和身体的其他部位，让幼儿更直观地感知长颈鹿动作与姿态的变化等。区域活动中也融合了信息技术，如在美工区利用多媒体信息技术，建立了手工制作、美术欣赏、绘画等活动的资源包，丰富幼儿美术创作前期经验，激发幼儿探索欲望。教师为幼儿提供美术作品投屏软件，幼儿通过软件能让自己的绘画作品活灵活现地动起来。同时，教师还结合美术主题活动，追随幼儿兴趣，利用多媒体信息技术支持幼儿深度学习。

### （四）教师具备扎实的信息化教育基础

从 2005 年起，幼儿园就开展了信息化教育研究。在新观念的引领下，教师重新认识美术活动中的幼儿，把信息技术作为工具和手段渗透到教学活动中，达到开发幼儿美术创造力、提高其审美能力、促进其创造型人格形成的目的。信息化教育研究的过程也是教师和幼儿共同成长的过程。教师在不断的实践和反思中提高自己的业务技能，在促进幼儿创造力发展的同时，提升自己的艺术品位，形成正确的幼儿美育评价观。幼儿在一次次地美术创造中实现自己的想法，彰显自己的个性，发展自己的技能，体会创作成功的喜悦与自豪，促进创造型人格的形成。

现阶段，纵观国内外，幼儿创造性美术教育取得成效的同时，也出现了一些问题。教师对幼儿的影响在儿童美术作品中较为明显，仍然没有走出传统的模式化倾向。研究目标主要聚焦于教师教授绘画，忽视幼儿美术欣赏和经验积累；研究主题主要聚焦于常态环境下的教学，对网络环境下美术教学的关注度不够，美术教育与信息技术的融合少有涉及。综上所述，幼儿园此项研究的创新之处就在于将美术教育与信息技术相融合，改变了以往的美术教学活动模式，改变了传统的范例式教学，充分运用信息技术开展美术活动，提高幼儿欣赏美和感受美的能力，促进幼儿表现与创作能力的发展，使幼儿园的美术教育更加生动、科学、有效。

## 二、开展幼儿园数字化美术活动的意义

### （一）理论意义

**1. 国家重视信息技术与教育深度融合。**

教育部在《教育信息化 2.0 行动计划》的主要任务中提到："持续推动信息技术与教育深度融合，促进两个方面水平提高。""构建一体化的'互联网＋教育'大平台。"信息化教育的重点是开发教育资源、优化教育过程。信息化时代对教师提出了更高的要求。信息技术不仅改变了人们的学习方式，而且改

变了学习者的认知方式。

**2. 创造性美术活动是时代创新人才培养的途径。**

《中华人民共和国国民经济和社会发展第十三个五年规划纲要》中强调："实施儿童发展纲要。""激发青少年活力和创造力。"首都师范大学的杨景芝教授主张开发儿童自身的潜在能力，发展其创造思维能力，培养儿童绘画方面的创造力，把美术作为素质教育的重要手段。上海、珠海、苏州等城市的许多儿童美术教育者和幼儿教师都在发掘儿童创造潜能方面进行了积极的尝试，促进了儿童美术教育的发展，也形成了一些派别。儿童开始敢想、敢画了。我们也能从儿童美术作品中看到儿童自己了。随着国外先进美术教育思想的引入和儿童心理学、创造学理论的发展，以及国内新教育理念的确立，必将给儿童美术教育研究奠定坚实的理论基础。

### （二）实践意义

为了进一步提高教师的信息技术能力，我们开展了多元化的培训。

**1. 开展信息化教学技能培训。**

幼儿园依托信息组资源进行信息化教学技能集体培训，包括"家园共育亲子视频制作""微课制作""'剪映'APP的使用方法""如何熟练制作'秀米'课件"等。我们引导班级教师通过学习、分析微信公众号"丰台学前教育研究"中的"秀米"课例，进一步了解"秀米"课件制作方法和步骤，学习如何更好地展现美术课程内容和突显幼儿学习与表现的不同方法，不断提高班级教师课件制作水平，为构建线上"秀米"美术课程打下基础。

**2. 在学习的基础上，开展"秀米"课件制作交流与评比活动。**

我们通过"秀米"课件的展示与评比，让教师们互相学习好方法，不断提高自身制作水平。如"云朵魔术师""蔬菜拓印"等美术活动就是利用"秀米"APP分享功能，实现视频、音频、图片等资源共享。教师可以结合本班幼儿年龄特点，选择适宜幼儿的教学资源开展美术活动。教师们创作的"秀米"课例美术游戏语言规范，具有趣味性和引导性，获得大家的一致好评。"走进梵高博物馆""不一样的小汽车"等美术活动借助"秀米"APP分享了教学资源，在环节设计方面具有探究性，能整合多个领域的内容，引发幼儿主动学习，也获得了大家的一致好评。

**3. 拓宽视野，提升教师的美术素养。**

教师在生活中捕捉美的元素，通过绘本插画展、"一棵树、一世界"美术展等创意展览，对幼儿进行艺术环境的熏陶，激发其创作灵感。这些展览也拓宽了教师的审美视野，提升了教师的审美能力与表现力，为教学活动奠定了基础。

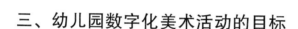

## 三、幼儿园数字化美术活动的目标

幼儿园在探究数字化美育方面采取园本教研与专家指导相结合的方式，组建了幼儿园美术教学核心小组，主要负责收集网络上相应的美术游戏和美术欣赏等信息教学资源，将微课、教学课件、网络资源等运用在幼儿美术教学活动中，通过信息技术辅助教学的手段丰富幼儿美术经验、支持幼儿自主创作。我们重点研究信息技术支持下幼儿的创造力表现，通过及时调整教师策略，促使幼儿在创造性的美术活动中大胆地表达自己的想法，积极运用艺术形式表现自己的情绪、情感，表达对真实生活的理解。最后，教师通过分析幼儿作品，进一步丰富美术材料，不断改进教学内容与信息技术相融合的策略。

## 四、幼儿园数字化美术活动的教学手段

1. 教师借助"秀米"APP，构建青塔第二幼儿园"秀米"线上美术课程，支持幼儿主动学习，创造性地进行美术创作，提高教师美育专业能力与水平。

2. 教师采用数字化教学模式支持幼儿自主美术创作，提高幼儿创造能力和审美能力。

幼儿园将创造心理学的理论、方法和美术创造的规律、方法结合起来，认真贯彻《纲要》《指南》精神，满足幼儿个性化发展需求。在新观念的引领下，教师更加重视幼儿在美术活动中独特的艺术表现与创作。同时，把数字化资源作为辅助教育、教学的工具和手段，助力幼儿美术创作与教师专业指导，打破时间和空间的限制，通过"秀米"线上课程和日常线下美术游戏，满足幼儿个性化的需求，提高幼儿审美能力和艺术表现力，促进幼儿独特思维能力的提升。

## 五、幼儿园数字化美术活动设计方法

**1. 谈话法。**

在活动前，教师通过与幼儿谈话，了解幼儿的兴趣点和好奇心，通过数字化在美术活动中的应用，以及自己对新技术的了解和掌握，助推信息化美术教学活动的开展。

**2. 观察法。**

在活动过程中，教师有目的、有计划地观察幼儿自主美术创作过程，通过提供适宜的材料、语言引导、媒体支持等措施引发幼儿美术表现与创作，从而了解幼儿独特的想法，促进幼儿个性化发展。

**3. 行为研究法。**

在活动过程中，教师在观察幼儿自主美术创作的基础上，从欣赏美术作品、选择材料、互动与指导中给予幼儿适宜的支持，在实践中了解幼儿的活动表现，边研究边调整活动环节及自己的教育行为，巧妙地运用数字化助力幼儿美术创作活动。

**4. 案例法。**

在活动过程中，教师从幼儿的生活和兴趣出发，发现幼儿自主美术创作的兴趣点及情感变化，通过主题美术创作活动进行案例分析，并调整数字化助力幼儿创作的内容，总结数字化助力幼儿自主美术创作的策略，形成有鲜明个性的有效个案。

**5. 作品评价法。**

在活动过程中，教师对幼儿自主美术创作作品和数字化作品进行收集、整理、归纳、分析、评价，了解幼儿自主美术创作的发展阶段，不断总结相关经验。

## 六、幼儿园数字化美术活动的重点和难点

### （一）活动重点

教师在开展美术活动的过程中，应将活动重点放在幼儿自主美术创作中需要借助信息技术与手段为幼儿提供创作支持的内容，旨在实现差异化教学和个性化学习。

### （二）活动难点

教师从美术教学视角出发，分析幼儿自主美术创作中的难点，从而借助信息技术为幼儿提供适宜的指导，解决活动中的难点问题。

### （三）突破活动重点和难点的手段

**1. 美术教学网络资源库的构建。**

幼儿园建立了数字化美术教学网络资源库，利用百度网盘存储美术教学所用的视频、音频、图片等资料，还将网络平台的适宜资源，如抖音、微信、腾讯视频等 APP 上与幼儿美术教学有关的视频、音频资源，巧妙地运用到幼儿创造性美术活动中，更好地帮助幼儿进行美术创作，体现艺术与情感的交融。

**2. 探索信息技术与幼儿美术教学融合的方法和途径。**

教师结合美术活动中欣赏、绘画、手工制作等不同内容，挖掘信息技术融合教学环节的适宜性，促使幼儿在信息技术的支持下，主动探究，大胆创作。

## 七、幼儿园数字化美术活动设计与实施

　　教师应积极开展以线上、线下相结合的方式进行数字化美育理论及案例的学习，通过专家的引领与指导，转变思维方式，进行对话分析式教研，厘清思路，及时掌握幼儿美术教育前沿理念与信息。为了使教师进一步解读幼儿美术学习的核心经验，幼儿园组织教师研读《幼儿园美术领域教育精要——关键经验与活动指导》，使教师在日常教育中明确环境对幼儿艺术创造的影响，了解师幼互动中如何提升幼儿的审美感受，如何支持幼儿深度学习与探索，丰富幼儿美术关键经验，体现教师的教育价值。教师通过自学、研读《孩子的画告诉我们什么》《画中有"话"》等美术教育论文，发现儿童作品中的美术元素及想要表达的情感，从而进一步解读儿童的内心想法。

　　幼儿园以一课三研为契机，结合幼儿美术作品分析指标，探讨活动的导入环节、主要环节、结束环节如何组织，深入探索与拓展幼儿美术活动的组织策略。幼儿园以教研活动为主体，提升教师观察与指导幼儿美术活动的能力，一研重思路（教师设计活动环节），二研重互动（详细记录师幼互动过程），三研出成效（梳理、归纳、总结）。

　　幼儿园以对幼儿的美术行为进行观察与记录为依据，开展相关案例的交流与研讨，注重倾听每个幼儿对作品的真实表达，分析幼儿的年龄特点，解析幼儿内心的真实情感，针对不同幼儿的个性与表现，通过观察记录量表聚焦幼儿的美术创作行为与表现，解读幼儿内心的真实想法和情感表达。

# 第二章　大班幼儿美术关键经验

| 绘　　画 | 手 工 制 作 | 美 术 欣 赏 |
| --- | --- | --- |
| 1. 绘画中正确使用绘画工具与材料，并保持正确的坐姿和握笔姿势<br><br>2. 能将自己看到的、听到的、记忆中的及故事、诗歌中学到的内容用绘画的方式表现出来<br><br>3. 能简单地描绘人物和动物的基本特征及不同姿态（如正面、侧面、背面、简单的四肢动作等）<br><br>4. 能够画出物体或事件中的某些细节<br><br>5. 能围绕主题自由想象、创造与表现，可以结合自己的生活经验画出简单的情节画、意愿画<br><br>6. 能够恰当地安排画面内容，合理布局<br><br>7. 能够根据内容和表现的需要，用色彩的深浅、落笔的轻重进行绘画活动<br><br>8. 能在不同形状、颜色、材质的纸张上进行绘画和装饰活动<br><br>9. 能将绘画与装饰相结合，在纸张的边缘、角上进行有特色的装饰<br><br>10. 会绘画有规律的图案画，装饰物的摆放要有规律，布局要对称、均衡<br><br>11. 能对常见物品进行实用且具体的装饰 | 1. 能较为熟练地使用各种手工工具，如剪刀、胶棒、双面胶等<br><br>2. 掌握剪、贴、折、画、揉、搓、捏等多种基本手工技法，并能综合运用<br><br>3. 能够根据主题或自己的想法，创造性地设计手工作品<br><br>4. 大胆尝试运用不同的材料进行组合创作<br><br>5. 能够较长时间专注于手工制作过程，耐心地完成作品<br><br>6. 面对困难和挫折时，能够坚持，想出办法解决问题 | 1. 欣赏自己可以理解的绘画，工艺美术作品<br><br>2. 欣赏活动中和活动后，学会评价自己和同伴的作品，培养美感和审美能力<br><br>3. 乐于收集美的物品，并与他人一起欣赏，乐于向他人介绍自己发现的美的事物<br><br>4. 艺术欣赏时，常常用动作、语言等表达自己对作品的理解 |

# 第三章 幼儿园大班数字化美术课程体系

## 一、大班目标

### (一) 绘画

1. 能根据画面内容恰当地使用颜色进行表现，会自己调色。

2. 会使用简单的美术工具和辅助材料，塑造人物、动物的形象，突出表现其主要特征、动作与表情，展现形态美。

3. 运用多种绘画方式表达自己的所见、所知、所想、所做。

4. 初步学习用造型、色彩、构图等美术元素大胆表现不同的事物，有创造的意识。

5. 大胆且富有个性地表现自己对事物的认识，绘画有故事情节的作品。

6. 体验绘画活动的乐趣，能积极地投入绘画创作。

7. 能够正确使用不同的绘画工具和材料，养成分类整理、及时收放的良好习惯。

8. 能在正方形、长方形、圆形、菱形纸的中心、边缘、角的位置，用学过的纹样和具有民族特色的 3～5 种简单纹样有规律地绘画图案，会在生活用品上用花纹或图案进行装饰。

### (二) 手工制作

1. 能大胆地塑造和制作多种平面和立体的手工作品，用其美化居室环境，开展自主游戏活动。

2. 能积极、主动地参加手工活动，并从活动中获得愉悦和美感。

3. 初步尝试使用不同的手工工具和材料，掌握其基本的使用方法，形成良好的手工活动习惯。

4. 学会正确使用剪刀，可以用不同的方式（如目测剪、沿轮廓剪、折叠剪等）剪出各种动物、植物、不同样式的窗花等，表现不同风格的美。

5. 学会利用身边的物品和废旧材料（如纸、泥、不织布、线、自然物等），运用画、折、剪、粘贴、塑形、编织、拼插、组装等综合技能制作手工作品，体现平面、半立体、立体的不同美感。

### （三）美术欣赏

1. 喜欢参与美术欣赏活动，会欣赏不同风格的美术作品。

2. 初步感知周围环境和生活中美好的人和事物，丰富感性经验和审美情趣。

3. 能够发现美术作品中不同的造型、色彩和构图等美术元素，并产生相应的情感与想象。

4. 能用自己喜欢的方式大胆地与别人交流和评价美术作品。

# 二、大班教学计划表

## （一）大班上学期教学计划表

| 时　间 | 活动名称 | 活　动　目　标 |
| --- | --- | --- |
| 九月第一周 | 线描装饰画：斑马魔法衣 | 1. 尝试运用黑白图案装饰斑马身上的花纹，让斑马变身<br>2. 欣赏斑马魔法衣线条与图案的多样化排列与组合，体会画面的构图美<br>3. 感受黑白装饰画独特的绘画风格 |
| 九月第二周 | 创想画：创意船 | 1. 能巧妙地借助常见物品的特点，创意绘画不同造型的船只<br>2. 大胆借形想象，设计出不同功能与造型的船只<br>3. 在创意绘画过程中体验创作的乐趣 |
| 九月第三周 | 剪纸：汽车变形记 | 1. 通过观察，改变汽车的车顶、车身、车尾，创意变形出新型汽车<br>2. 大胆利用剪纸中去角的方法创意设计汽车的外形<br>3. 能够从设计创新车型中获得成功的体验，感受其中的快乐 |
| 九月第四周 | 立体书制作：《小老鼠快乐的一天》 | 1. 通过小组合作绘画的方式，制作立体书《小老鼠快乐的一天》<br>2. 合作绘画立体书时，能关注到每页画面之间的关系，按照一天时间的先后顺序，合理地安排画面内容<br>3. 乐于分享自己独特的想法，大胆讲述绘画内容 |

（续）

| 时　　间 | 活动名称 | 活　动　目　标 |
|---|---|---|
| 十月第一周 | 创想画：魔法纸游戏 | 1. 细致观察并探索画中画的制作方法<br>2. 大胆想象、创作有趣的画面内容，表现自己的创造力<br>3. 愿意与同伴分享自己的作品，感受趣味绘画带来的快乐 |
| 十月第二周 | 版画拓印：跳舞的小人 | 1. 大胆尝试在纸上拓印，创作不同姿态的人物形象<br>2. 体验不同的绘画方式，感受运用版画拓印进行人物创作的有趣，乐于讲述自己的作品内容<br>3. 感受人物拓印画的美，体验变废为宝的乐趣 |
| 十月第三周 | 剪纸：趣味长颈鹿 | 1. 通过观察与动作模仿，运用剪纸的方式刻画长颈鹿的外形特征<br>2. 大胆设计长颈鹿夸张的动态造型<br>3. 感受剪纸作品的布局，体验成功的喜悦 |
| 十月第四周 | 创想画：小老鼠的梦 | 1. 大胆创想老鼠做美梦的情节，感受创作带来的喜悦<br>2. 尝试用绘画的方式表现老鼠在梦中的不同姿态<br>3. 大胆运用绘画的方式表达自己的想法 |
| 十一月第一周 | 折纸："东西南北"动物造型 | 1. 能够大胆想象，利用"东西南北"折纸作品塑造有趣的动物造型<br>2. 感知"东西南北"折纸作品形式的多变性，尝试变换不同方向进行创作<br>3. 愿意用手工创作的形式表达对小动物的喜爱之情，喜欢参与美工创意制作活动 |
| 十一月第二周 | 线条画：蜘蛛织网 | 1. 认识直线、波浪线、螺旋线、折线等线条，感受从不同的角度观察线条带来的不同视觉效果<br>2. 尝试创造性地组合多种线条，画出丰富多样的装饰图案<br>3. 体验线条组合变化带来的乐趣和成功创作的喜悦 |
| 十一月第三周 | 创想画：小人国奇遇记 | 1. 学习运用不同事物大与小的强烈对比及突出局部的绘画方法，表现巨人来到小人国的不同场景<br>2. 能够大胆想象，通过绘画的方式表现自己在小人国发生的有趣故事<br>3. 体验创作《小人国奇遇记》创想画的快乐 |

（续）

| 时　间 | 活动名称 | 活动目标 |
|---|---|---|
| 十一月第四周 | 扎染：美丽的扎染 | 1. 探索点染、晕染、滴染等不同的染纸方法，尝试运用辅助材料进行染纸<br>2. 能大胆地扎染，感受不同的折纸、染纸方法产生的图案效果和纹理的不同<br>3. 能与同伴合作使用材料进行创作，体验扎染的快乐 |
| 十二月第一周 | 国画欣赏：《残荷新柳》 | 1. 欣赏水墨作品《残荷新柳》，感受画面中点线对比形成的残荷与新柳的美<br>2. 尝试运用点与线相结合的水墨画创作方法进行艺术表现<br>3. 能够自己调色，大胆绘画，感受水墨画创作的乐趣 |
| 十二月第二周 | 扭扭棒制作：神奇的扭扭棒 | 1. 了解扭扭棒的特性，敢于尝试用扭扭棒制作不同的造型<br>2. 能够大胆想象，用扭扭棒制作自己喜欢的造型<br>3. 通过扭扭棒手工制作，体验艺术创作的乐趣 |
| 十二月第三周 | 剪纸：京剧脸谱 | 1. 感知京剧脸谱图案与花纹对称的特点，能用阴剪与阳剪相结合的方法剪出图案与花纹<br>2. 敢于大胆尝试，剪出不同的图案与花纹，装饰脸谱<br>3. 感知中国国粹京剧艺术及脸谱的独特魅力 |
| 十二月第四周 | 锡纸制作：锡纸小人 | 1. 在充分感知锡纸特性的基础上，利用锡纸的可塑性制作锡纸小人<br>2. 尝试运用卷、捏、拧等方法，塑造各种姿态的锡纸小人<br>3. 体验利用特殊材料锡纸进行美术创作的乐趣 |

## （二）大班下学期教学计划表

| 时　间 | 活动名称 | 活动目标 |
|---|---|---|
| 三月第一周 | 手工制作：如果动物会跳舞 | 1. 观察自制玩具，探索舞龙手工作品的制作方法<br>2. 大胆想象、创作有趣的动物造型<br>3. 乐于与同伴分享自己的美术作品，体验手工制作的乐趣 |

（续）

| 时　间 | 活动名称 | 活　动　目　标 |
|---|---|---|
| 三月第二周 | 剪影水粉画：美丽的星空 | 1. 欣赏星空之美，能够大胆想象星空下发生的有趣故事<br>2. 运用渲染、喷溅、剪影等手法创作出属于自己的、独一无二的星空想象画<br>3. 体验用剪影和水粉画创作表现星空想象画的快乐 |
| 三月第三周 | 超轻泥泥工：民族图腾柱 | 1. 感知、欣赏有关少数民族图腾柱的相关图片，感受图腾柱夸张的艺术风格，能创造性地表现其造型特点<br>2. 通过欣赏、讨论、体验等方式，获得表现各种图腾形象的经验，大胆表现图腾中人物面部的不同表情<br>3. 初步了解图腾柱的含义，感受少数民族独特的民族文化 |
| 三月第四周 | 透明膜画：手电探秘 | 1. 尝试在透明膜上画出想象的场景、人物神态、动作和着装等，创作细节丰富的绘画作品<br>2. 敢于大胆想象，丰富画面细节，表现自己想象的故事情节<br>3. 体验黑夜中手电筒探秘带来的刺激与快乐 |
| 四月第一周 | 创想画：未来汽车 | 1. 尝试运用叠加联想的方法，创意想象具有特殊功能的汽车<br>2. 充分发挥对未来汽车特殊功能的想象并大胆表现<br>3. 体验创意设计并绘画未来汽车的乐趣 |
| 四月第二周 | 黄泥泥工：青铜铸鼎 | 1. 了解青铜鼎的结构，能够大胆地设计不同造型的青铜鼎<br>2. 通过捏、团、刻等泥工技法展现青铜鼎不同的花纹、样式<br>3. 通过黄泥泥工制作，感受中华传统工艺青铜铸鼎的独特魅力 |
| 四月第三周 | 立体纸工：繁忙的立交桥 | 1. 初步认识立交桥，了解立交桥的结构、形态及作用<br>2. 尝试将纸条弯曲或直直地穿插在一起，表现立交桥的造型，构筑多层次交通道路的立体效果<br>3. 体验制作立体手工的快乐及完成作品的成就感，提高善于发现美的能力 |

（续）

| 时　间 | 活动名称 | 活　动　目　标 |
|---|---|---|
| 四月第四周 | 废旧材料制作：多彩民族 | 1. 了解民族头饰和服饰的特点，能够用废旧材料进行拼贴制作<br>2. 通过撕、剪、拼、贴、折等方法，设计具有民族特色的头饰和服饰<br>3. 体验创意拼贴的乐趣和成功制作的喜悦 |
| 五月第一周 | 立体纸工：立体房子 | 1. 通过观察和讨论，制作出三角形的立体房子<br>2. 通过小组合作，能合理摆放房子里的物品和人物图卡<br>3. 能够大胆想象和创作，制作故事立体房子 |
| 五月第二周 | 塑料瓶制作：机器人总动员 | 1. 结合塑料瓶的外形特征，通过剪、贴、拼插等方法制作机器人<br>2. 大胆创意、设计、制作不同造型的机器人<br>3. 感受与同伴共同创作的乐趣，体验美术创作活动带来的惊喜 |
| 五月第三周 | 国画欣赏：《江南水乡》 | 1. 欣赏并感受作品简单的线条、色块、色点所形成的意境美<br>2. 尝试运用浓墨、淡墨表现江南水乡春天的独特景色<br>3. 敢于大胆地介绍自己的作品内容及创作思路 |
| 五月第四周 | 纸工：会动的小指偶 | 1. 能在绘画好的动物身体的不同部位剪出镂空的圆形，制作会动的小指偶<br>2. 能与同伴大胆地交流自己的想法，创意制作不同的动物造型<br>3. 喜欢制作动物小指偶，体验创作的乐趣 |
| 六月第一周 | 皮影制作：皮影剧场 | 1. 知道皮影戏是我国传统民间艺术之一，了解皮影的特征及制作过程<br>2. 能关注皮影的关节变化和人物动态特点，制作不同主题的皮影人物<br>3. 愿意大胆尝试并感受与同伴合作制作皮影的快乐 |
| 六月第二周 | 扭扭棒制作：京剧发箍 | 1. 通过手工制作京剧发箍，了解京剧头面的特点<br>2. 在塑造美、感受美的同时，提高动手能力及创造力<br>3. 通过自主的艺术游戏，感受京剧的魅力，热爱中国的国粹及传统艺术 |

（续）

| 时　　间 | 活动名称 | 活　动　目　标 |
|---|---|---|
| 六月第三周 | 手工制作：设计我的书包 | 1. 了解书包的结构及外形特点，感受其形状、样式及功能的不同<br>2. 能发挥想象，设计属于自己的书包，为书包设计多个不同功能的口袋<br>3. 感受自由设计与制作书包的快乐 |
| 六月第四周 | 国画欣赏：《清明上河图》 | 1. 知道《清明上河图》是我国北宋时期的优秀绘画作品，感受画面所表现的繁荣与热闹<br>2. 欣赏画面中的人、事、物，能用自己的语言描述画面的细节和美感<br>3. 大胆回忆并讲述自己在幼儿园的生活，能用长卷绘画的形式表现出来 |

# 第四章　大班上学期活动案例

## 活动一　线描装饰画：斑马魔法衣

教师：于乐涵

扫码看视频 4-1-1　　　扫码看彩图 4-1-1

**活动目标**

1. 尝试运用黑白图案装饰斑马身上的花纹，让斑马变身。
2. 欣赏斑马魔法衣线条与图案的多样化排列与组合，体会画面的构图美。
3. 感受黑白装饰画独特的绘画风格。

**活动重点**

初步感受黑白装饰画中点、线、面和图案的多种排列与组合规律。

**活动难点**

尝试运用黑白装饰画的多种排列与组合方式装饰斑马身上的花纹，体会画面的构图美。

**活动准备**

1. 经验准备：认识斑马，了解斑马的外形特征；了解点、线、面不同的样式。

2. 数字化资源准备：视频 4－1－1《斑马魔法衣》（实录课）、视频 4－1－2《斑马魔法衣》（白板课件）、视频 4－1－3《斑马大变身》动画片。

3. 物质准备：黑色笔、小长方形空白图样设计卡、绘画纸、小碗（图 4－1－1）。

图 4－1－1

扫码看视频 4－1－2

**活动过程**

**（一）班里来了小客人**

教师播放视频 4－1－2《斑马魔法衣》（白板课件）（参看视频 4－1－2），利用希沃白板课件的遮罩功能，突出展示斑马的身体和尾巴等，引导幼儿依据这些线索，大胆猜测画面中的小客人是谁。

教师：今天，咱们班来了一位小客人。你们快来猜一猜，它是谁呀（图 4－1－2）?

幼儿：可能是一只小猴子。

幼儿：小奶牛的尾巴是细细的，有可能是一头小奶牛。

幼儿：我觉得有可能是一只长颈鹿，长颈鹿的尾巴和这根尾巴很像。

教师：小朋友们猜了这么多小动物，那么究竟是谁呢？我请一位小朋友拖动圆圈，帮我们找找，看看还有没有其他线索。

请一名幼儿拖动白板课件中有遮罩功能的圆圈，继续寻找线索（图 4－1－3）。

教师：快看，我们找到了什么？你们猜猜，它是谁？

幼儿：是一匹小斑马。

教师：你们从哪儿看出它是小斑马的？

幼儿：因为我看到了一道黑一道白、一道黑再一道白按顺序排列的黑白条纹。

图 4-1-2 图 4-1-3

教师：让我们一起看看，究竟是不是小斑马？

幼儿：哇！真的是一匹小斑马！

小结：咱们通过一道黑一道白、一道黑再一道白排列的黑白条纹，猜出来这位小客人就是小斑马。它来到了咱们班，要和小朋友们一起做游戏啦！

环节目的：教师创设小客人来班里做客的情境，引导幼儿根据线索猜测小客人就是小斑马，激发幼儿参与活动的兴趣与好奇心，引导幼儿细致感受斑马身上的花纹特征。

数字化支持：利用希沃白板课件的遮罩功能展示小斑马身上的花纹和尾巴，激发幼儿参与活动的兴趣，让幼儿能直观、清晰、具体地观察到斑马身上的黑白条纹，了解斑马的外形特征。

### （二）魔法衣里的秘密

教师播放视频 4-1-3《斑马大变身》动画片（参看视频 4-1-3），引导幼儿观看，初步感受斑马魔法衣的神奇（图 4-1-4、图 4-1-5）。

扫码看视频 4-1-3

教师：小斑马有一些话想对小朋友们说，让我们一起来听一听吧！

小斑马：我有一件神奇又有趣的魔法衣。请小朋友们仔细观察，看看我都变出了哪些样式的魔法衣。

图 4-1-4 图 4-1-5

重点提问：小斑马有一件神奇又有趣的魔法衣。它的魔法衣有哪些样式呢？同样都是黑白装饰，它的花纹和图案有什么变化呢？

幼儿：我看到小斑马的魔法衣变成了小花图案的。

幼儿：小斑马跑着，跑着，头碰到了大树，结果身上的黑色色块跑到了前面，白色色块跑到了后面。小斑马跳呀跳，黑色色块到了下面，白色色块又到了上面。

幼儿：我从刚才的视频里看到小斑马跑着跑着，它的魔法衣就变了样式。魔法衣一会儿变成波点样式的，一会儿又变成星星样式的，一会儿又变成和奶牛身上一样的花纹。

小结：小斑马的魔法衣有各种样式，是由不同的点、线条、图案组成的。这些点、线条、图案经过不同的排列与组合，最终形成了小斑马的魔法衣（图4-1-6、图4-1-7）。

图4-1-6　　　　　　　　　　　图4-1-7

环节目的：教师引导幼儿通过观看视频，初步感知斑马魔法衣黑白装饰图案不同的排列与组合，为后面绘画魔法衣积累创作经验。

数字化支持：教师通过播放小斑马魔法衣的动画视频，吸引幼儿的注意力，初步感知斑马身上的花纹和图案有不同的排列与组合方式。

### （三）千变万化的魔法衣

教师引导幼儿大胆想象并讲述斑马魔法衣可以变出更多不同的样式。

重点提问：小斑马又撞到了大树上，把身上的条纹都撞没了。这回，它的魔法衣会变成什么样式的呢？快和你旁边的小朋友讨论一下吧！

幼儿大胆想象，结合自己的想法，与同伴讨论后进行回答（图4-1-8、图4-1-9）。

教师：我刚才听到小朋友们有很多好玩的想法。谁想来分享一下？

幼儿：魔法衣变成宝石形状的、五角星形状的和蝴蝶结形状的。

教师：魔法衣可以变成由宝石、五角星、蝴蝶结图案组合的样式。

幼儿：我想让斑马的魔法衣变成一个实心的爱心、一个空心的爱心图案按照这个规律排列在一起，再搭配上波浪线。

教师：斑马的魔法衣还可以是宝石图案的、五角星形状的、空心或实心

的爱心形等各种不同的形状或图案按照一定规律排列、组合在一起的样式
（图 4-1-10、图 4-1-11）。

图 4-1-8

图 4-1-9

图 4-1-10

图 4-1-11

教师：接下来，就请小朋友们拿出老师为你们提前准备好的长方形小纸片，画一画你想给小斑马设计的魔法衣吧！

幼儿根据自己的喜好自主设计斑马魔法衣黑白装饰图样（图 4-1-12、图 4-1-13）。

图 4-1-12

图 4-1-13

教师：请画完的小朋友将你的小卡片贴到前面的画板上（图 4-1-14、图 4-1-15）。

教师：哇，你们有这么多有趣的创意！刚才，小朋友们为小斑马设计了很多漂亮的魔法衣。接下来，不要眨眼睛，老师有一个小惊喜带给你们。

小结：快看，小斑马来和小朋友们做游戏啦！它还穿着小朋友们为它设计

的魔法衣呢（图4-1-16、图4-1-17）！

图4-1-14

图4-1-15

图4-1-16

图4-1-17

教师将幼儿画好的长方形卡片贴在斑马身上空白的地方，引导幼儿细致对比、观察，感受黑白装饰图案的多种排列与组合样式。

数字化支持：教师给幼儿设计的斑马魔法衣作品拍照，通过实时动态投屏，将幼儿绘制的长方形图案叠加在小斑马身上空白的地方，借助软件生成动画斑马，让小斑马动起来。

### （四）我的斑马穿新衣

幼儿按照自己的意愿选择大小不同的纸张，大胆绘画创作，用黑色线条画出不同的花纹和图案（图4-1-18）。

教师分层次投放绘画材料，为幼儿提供大小不同的绘画纸，支持幼儿合作绘画，画出不同样式的黑白装饰画。

教师：你们想不想变成小小设计师，为小斑马设计魔法衣，让小斑马跟咱们一起做游戏呀？

重点指导：

**1. 图形的排列方法。**

幼儿通过改变图案的大小和疏密不同的排列方式实现斑马魔法衣黑白装饰多样的排列与组合效果。

**2. 情境化的语言引导幼儿为小斑马添画细节。**

教师用情境化的语言引导幼儿为小斑马添画细节，尝试装饰斑马身体的其他部位。

教师（以小斑马的口吻）：我的项链找不到了，你能帮我设计一条好看的项链吗？如果我穿上一双漂亮的靴子去参加舞会，那该多好呀！

**3. 合作绘画指导。**

针对合作完成绘画的幼儿，教师可以引导几名幼儿先沟通绘画内容，包括小斑马在哪里、发生了什么有趣的事情等，再分工合作绘画（图4-1-19）。

图4-1-18　　　　　　　　　　图4-1-19

环节目的：鼓励幼儿对黑白装饰图案进行多种排列与组合，让斑马魔法衣的样式更加丰富、多样。

### （五）我和小斑马做游戏

幼儿之间互相欣赏与交流绘画作品。教师集体讲评，将部分幼儿作品借助软件进行动画展示，引导幼儿大胆介绍自己设计的斑马魔法衣（图4-1-20、图4-1-21）。

图4-1-20　　　　　　　　　　图4-1-21

个别幼儿讲述自己运用了哪些线条、图案及排列方式绘制了魔法衣，引导其他幼儿观察，说说这些黑白图案具体装饰了小斑马身体的哪些部位。

幼儿：我的小斑马穿着由蝴蝶、五角星、爱心、电话线、正方形、三角形组成的魔法衣。我、小蝴蝶和小斑马一起做游戏呢！

小结：她画的小斑马穿着漂亮的魔法衣，和她一起做游戏。她画得可真有趣！小朋友们快给她鼓鼓掌吧！

环节目的：营造欢快的创作氛围，通过欣赏与交流，引导幼儿感受不同图案形成的黑白装饰画具有不同的构图美。

数字化支持：教师通过实时动态投屏，借助软件及时将幼儿作品中的小斑马变成会动的小斑马，营造愉悦、有趣的氛围，让幼儿体验成功的喜悦。

**幼儿作品** （图 4-1-22～图 4-1-25）

图 4-1-22

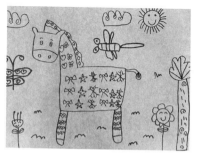

图 4-1-23

图 4-1-24

图 4-1-25

**活动延伸**

**1. 表演区：提线木偶戏"斑马森林舞会"。**

用低结构材料制作斑马并为斑马设计魔法衣，将斑马的头部、身体、四条腿分别剪开，系上线绳，进行一场提线木偶戏"斑马森林舞会"的表演。

**2. 图书区：《小斑马奇遇记》趣味故事分享会。**

将幼儿的绘画作品投放到图书区，引导幼儿给作品拍照，上传到动画制作软件中，借助软件识别、生成动画小斑马，开展《小斑马奇遇记》趣味故事分享会。

**活动反思**

**1. 利用斑马魔法衣变化的秘密激发幼儿兴趣。**

本次活动利用斑马魔法衣变化的秘密激发幼儿兴趣，让幼儿在探索中主动感知和发现黑白装饰画独特的绘画风格及黑白装饰图案的变化，初步欣赏黑白装饰画中点、线、面和图案多样的排列与组合。

**2. 通过数字化支持设计魔法衣。**

本次活动过程中，教师通过数字化支持，由浅入深地引导幼儿感知、理解、尝试用点、线、图案进行多样的排列与组合，设计和装饰魔法衣，让小斑马变身。活动中，幼儿的绘画作品设计丰富多样，他们能够运用各种点、线、图案装饰斑马的魔法衣。教师还可以继续从花纹、款式等方面入手，给予幼儿充分想象与创作的空间，让幼儿绘画并装饰各种小动物。在幼儿回答完问题后，教师通过及时提炼与总结，帮助幼儿梳理与提升相关的绘画经验。

**3. 活动环节衔接得更加紧密。**

教师可以将讨论花纹与绘画花纹两个环节巧妙地融合，在幼儿与同伴讨论后，引导幼儿直接将自己的想法记录下来，使环节与环节之间衔接得更加紧密，也能为幼儿提供更多创造性的自主表现空间。

**4. 丰富幼儿前期经验。**

针对本次活动，教师可以在活动前带领幼儿欣赏各种黑白装饰画，重点感受、理解黑白装饰画中点、线和图案的多种排列与组合规律。作为教师，要善于发现幼儿画作的不同特点，充分肯定每个幼儿的作品，给予激励性评价，挖掘幼儿作品中的闪光点，让幼儿获得开心、愉悦的体验，愿意积极、主动地参与美术创作活动。

## 活动二  创想画：创意船

教师：宋  庄

**活动目标**

1. 能巧妙地借助常见物品的特点，创意绘画不同造型的船只。

2. 大胆借形想象，设计出不同功能与造型的船只。

3. 在创意绘画过程中体验创作的乐趣。

扫码看彩图 4-2-1

活动重点

能借助生活中常见物体的外形特点，大胆创意与想象，绘画出不同造型的船。

活动难点

能借助生活中常见物体的外形特点，利用借形想象、变换方向等方法进行添画创作。

活动准备

1. 经验准备：对各种船有简单的认知；知道常见物品的外形特征；能清楚地表达自己的想法。

2. 数字化资源准备：视频 4－2－1《百变创意船》（动画课件），课件 4－2－1《百变创意船》。

3. 物质准备：绘画纸（图 4－2－1），双头马克笔、黑色水彩笔（图 4－2－2）。

图 4－2－1

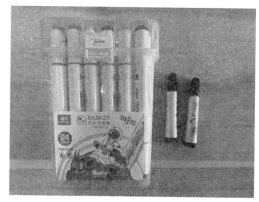

图 4－2－2

活动过程

（一）情境引入，激发兴趣

扫码看课件 4－2－1

**1. 情境引入，激发幼儿参与活动的兴趣。**

教师出示课件 4－2－1《百变创意船》中小兔子和大海中的船只图片（图 4－2－3、图 4－2－4）。

教师（以小兔子的口吻说）：好羡慕这些船可以在大海上航行啊！我也很想变成一艘船，在大海上航行。

图 4-2-3

图 4-2-4

教师：你们猜一猜，小兔子能变成船吗？

幼儿：能。

教师：那你快来说一说，小兔子可以怎么变？

幼儿：我猜它是躺在海面上，用胡萝卜当船身，变成了一艘大轮船。因为小兔子喜欢吃胡萝卜。

教师：这只小兔子变出来的船是不是非常有创意？这个小朋友想到了用小兔子喜欢吃的食物变成大轮船。请别的小朋友说一说，小兔子能变成什么船？

幼儿：我觉得小兔子叫来了好朋友，它们两个手拉手，变成了一艘船。这样的船会更稳固，不容易被海浪掀翻。

教师：很棒！这个小朋友想到了两只小兔子手拉手变成了一艘更稳固的船。

教师：刚才，有的小朋友说小兔子能变成船，有的小朋友说不能。那快来看一看，小兔子到底能不能变成船？变成了什么样儿的船？

**2. 出示场景图，引导幼儿感受小兔子变成了大帆船。**

教师播放视频 4-2-1《百变创意船》（动画课件）（参看视频 4-2-1），引导幼儿观看。

扫码看视频 4-2-1

教师（做惊讶状）：哇！小兔子的愿望实现啦！它真的变成了一艘"兔子船"啦（图 4-2-5）！

教师：小兔子变成了什么船？它是怎么变成船的？兔子船在哪里航行呢？

幼儿：小兔子变成了一艘帆船。它的耳朵变成了船帆，身体变成了船身。兔子船在湖里航行呢！后面还有草地和雪山，真美呀（图 4-2-6）！

小结：刚才，小朋友们观察得都特别仔细！小兔子变成了大帆船。小兔子把自己的身体变成了帆船。小兔子身体的不同部位分别变成了帆船的一部分。它放大了身体的某一个部位，利用身体的这个部位变成了帆船的一部分。让我们一起来看一看，小兔子的身体变成了船舱；小兔子的两条后腿向左右两边伸出去，伸得长长的，变成了船的主体；小兔子的两条前腿变成了两个梯子，船员可以顺着梯子爬到兔子头的上面去看风景；小兔子的耳朵变成了船帆；小兔子的爪子和耳朵用绳子连在了一起，船头拉着船帆，这样就不怕风浪来啦！

图 4 - 2 - 5　　　　　　　　　　　　图 4 - 2 - 6

环节目的：教师创设"小兔子想变成船"的情境，激发幼儿大胆地创意与想象。教师借助表情和语气带动幼儿大胆想象，并引导幼儿详细描述自己的想法。

## （二）大胆想象，创意与众不同的船

**1. 鼓励幼儿借助同一物体进行不同的想象与创意。**

教师肯定幼儿的想法并拓展幼儿的创作思路，鼓励幼儿对同一物体进行想象与创意，变成不同造型的船。

教师：老师带着小朋友们变一个魔法吧！我们可以把很多物体变成船，一起来变一变吧！看看最先出现的是什么物体，请你猜一猜它能变成什么船。

幼儿：我猜这个小雨伞（图 4 - 2 - 7）可以变成一条游乐船，上面有游乐设施。

幼儿：香蕉除了可以变成帆船（图 4 - 2 - 8），还能变成皮划艇。

图 4 - 2 - 7　　　　　　　　　　　　图 4 - 2 - 8

教师：你们两个的想法都非常有创意！你们能大胆地表达自己的想法，很棒！

教师：如果让所有的小朋友都用雨伞变船，你们快想一想，雨伞可以变成什么船？

幼儿：我想把雨伞变成小船的船帆，让小船在大海上航行（图4－2－9、图4－2－10）。

幼儿：我想把雨伞变成可以划桨的船，可以把雨伞的伞面朝下，翻过来，变成船身。人坐在里面，划着船桨（图4－2－11）。

图4－2－9　　　　　　　　　　　　图4－2－10

图4－2－11

教师：刚才，有几个小朋友都想把雨伞变成船，但是他们变化的方式不一样，这样就变成了不同造型的船。你们看，同样用雨伞变船，也可以有不同的创意。你们真棒！

**2. 集体讨论，大胆想象与表达。**

引导幼儿讨论，敢于向同伴讲述自己的想法，通过倾听别人的想法拓宽自己想象的维度和空间。

重点提问：你想用什么东西变船？变成什么样儿的船？怎么变？

幼儿讨论。主班教师与配班教师共同参与到幼儿的讨论中。

教师能够一对一地倾听幼儿的想法并支持幼儿。

（1）针对有想法的幼儿，教师支持幼儿的想法并以追问的方式引导幼儿想出更多不同的创意。

（2）针对没有想法的幼儿，教师及时进行鼓励和引导。

（3）教师鼓励有特殊创意的幼儿在集体面前分享自己的创意，激发其他幼儿的创意。

**3. 通过创意与想象，把生活中的常见事物变成船。**

教师出示课件 4 - 2 - 1《百变创意船》中动物、食物、日常用品的图片（图 4 - 2 - 12～图 4 - 2 - 14），激发幼儿结合身边熟悉的事物大胆想象，将其变成创意船。

教师：在我们的生活中，还有很多的动物、食物和日常用品，它们都可以变成船。小朋友们想一想，它们可以变成什么船？怎么变呢？

图 4 - 2 - 12

图 4 - 2 - 13

图 4 - 2 - 14

**4. 分组讨论。**

教师引导幼儿分组讨论。

幼儿：我想把胡萝卜变成一艘小帆船。可以用胡萝卜的果实当做船身，用胡萝卜的叶子当做船帆。

幼儿：我想把轮滑鞋变成一艘大轮船。轮滑鞋的轮子当做救生圈，轮滑鞋的下半部分当做轮船的船身。轮滑鞋的上半部分当做轮船的船舱。我还可以在上面插上五星红旗，表示这是中国的轮船。

（1）重点提问：请你介绍一下，你的船都有哪些不同功能的房间？

（2）教师归纳并总结幼儿的创意，分享能丰富幼儿创作经验的个别创意。

教师：刚才，有的小朋友说要用雨伞变成几种不同类型的船。他将雨伞分别当做船的不同部分，让我们一起来看一看这个小朋友的创意吧！

教师归纳幼儿的不同创意，如借助物体的外形特征，巧妙地将物体变成船的某个部分，或者将相同的物体变成不同类型的船等。

环节目的：

（1）激发幼儿对不同的事物（如动物、食物、日常生活用品等）进行想象，产生独特的创意。

（2）引导幼儿能用语言准确地描述自己的创想，并画出简单的设计图。

（3）激发幼儿兴趣，拓宽幼儿创作思路，引导幼儿设计一些功能性的船（如战船、旅游船等），并画出船的外形和内部结构。

数字化支持：利用希沃白板课件中的绘画功能，请个别幼儿在一体机上操作，画出自己的创意并展示。

### （三）幼儿创作，教师指导

幼儿在纸上绘画创意船。教师有针对性地对个别幼儿进行指导。

**1. 对于不敢下笔进行创作的幼儿。**

教师：你想把什么变成创意船？你想怎么变？变成什么类型的创意船？咱们一起找一找图片中的物品。你看看，你最喜欢什么物品？你最喜欢什么船？咱们一起试着变一变，怎么样？

**2. 对于想法不易实现的幼儿。**

幼儿：我想把长颈鹿变成一艘军舰，但是我忘了军舰长什么样子了。我只知道它大概是什么样子，忘了它都有哪些功能了。

教师：那咱们一起用手机搜一下军舰的图片，看一看吧！

数字化支持：教师针对有想法但是又不知道具体形象的幼儿给予数字化支持，鼓励幼儿自主使用手机，通过语音搜索相关图片并参考、借鉴。

**3. 对于画面不够丰富的幼儿。**

教师：哇！你设计的鸭子船真漂亮！是谁坐在上面呀？我记得我在公园里见过鸭子船，特别有意思！我坐在船上，还能看到远处的山、黑天鹅和其他游客呢！

环节目的：教师关注每个幼儿的绘画情况，有策略地进行个别指导，及时帮助幼儿丰富创作经验。

（四）展示与分享

1. 幼儿分类展示自己的作品，请大家欣赏并交流。
2. 分享：介绍自己的作品，说一说自己的想法。
3. 教师邀请个别幼儿到前面展示自己的作品并分享。

数字化支持：

（1）将幼儿的创意作品利用希沃白板课件的投屏功能进行展示。

（2）利用平板软件扫描功能，对幼儿作品进行扫描、投屏，将幼儿的创意船放在大海的背景图片上。

教师：谁想来介绍一下你的绘画作品？

幼儿：我这幅作品的名字叫"西瓜潜水艇"。我用西瓜的不同部分变成潜水艇的不同部分，这样就变出了一艘超级无敌的西瓜潜水艇。这个西瓜潜水艇一定是最牛的，因为潜水艇的船舱是用一整个西瓜变的，发电机、螺旋桨是用西瓜的一个小角变的，驾驶舱是用一半儿西瓜变的。潜水艇的窗户是用西瓜籽变的。它就是一个超级无敌的西瓜潜水艇。我要乘坐这艘西瓜潜水艇去探索神秘的海底世界，寻找上万种小鱼（图4-2-15）。

幼儿：我这幅作品的名字叫"西瓜游轮"。你看，这艘西瓜游轮里有两个小朋友在欣赏海面的景色，还能听到从二层船舱传来悠扬的歌声。游轮的二层是卧室，可以在里面休息和睡觉，两边有阳台，能站在阳台上，和外面的海鸥聊天。三层是洗澡的地方。我这艘游轮的功能特别齐全（图4-2-16）！

幼儿：我这幅作品的名字叫"能上天入海的船"。它的外观是一只小鸟的造型。它最特别的功能是可以潜入海底，观看海底的各种小鱼和大鲨鱼。你看，它还长着翅膀，能够飞上天空，观看天空中的景色。这艘船上还有四个救生圈，可以在救援的时候使用（图4-2-17）。

幼儿：我这幅作品的名字叫"海上游乐园"。这是一只鞋子的造型。我一共设计了三层，每一层都有不同的功能，里面有滑梯、转转杯座椅、公主装扮间，两边可以来回穿梭。你们看，海上游乐园的里面有两个梯子，人们可以随意上下，进行游戏。这个转转杯座椅还可以从三层直接滑进大海里，玩漂流，是不是特别有意思呀（图4-2-18）？

**幼儿作品** （图 4-2-15～图 4-2-18）

图 4-2-15　　　　　　　　　　　图 4-2-16

图 4-2-17　　　　　　　　　　　图 4-2-18

**活动延伸**

**1. 在图书区开展延伸活动。**

教师在图书区投放关于"船"的图书，结合幼儿兴趣，引导幼儿深入了解各种船的不同功能。

**2. 结合幼儿已有经验，为幼儿提供多样性材料。**

教师结合幼儿已有经验，为其提供低结构、游戏意图性强的多样化材料，支持幼儿自主创编关于船的游戏。

**活动反思**

**1. 为幼儿提供充分交流的时间。**

本次活动目标符合大班幼儿年龄特点。教师引导幼儿结合生活中常见事物大胆创意，创作出不同功能和造型的船。本次活动设计环节清晰、合理，重点提问精准、到位，活动极大地吸引了孩子们的兴趣，为幼儿提供充分交流与想象的时间和空间，让幼儿敢于大胆地说出自己的想法并创作。

**2. 教师通过发散性提问，引导幼儿敢于结合生活中的常见事物大胆想象。**

大班幼儿的想象力极其丰富。教师在提问的时候，可以结合幼儿生活中熟悉的事物进行发散性提问，引导幼儿大胆想象，借助生活中常见事物的外形特征，将其想象成船的某个部分并添画，利用变换方向、借形想象的方法进行创作。

活动过程中，幼儿能够根据自己的生活经验，结合天上、地上、水里、地下等不同的场景，进行创意绘画。幼儿完成创作后，也能大胆地讲述自己的想法。

本班幼儿的想象力都很丰富。其中一名幼儿想将西瓜变成潜水艇。他的想法很特别，整个潜水艇都是用西瓜不同的部分来创作的。

本次活动中，幼儿的前期经验很丰富。这些丰富的经验来自幼儿平时积累的生活经验，还有他们从视频里学到的科普知识。在创作过程中，幼儿大胆想象，进一步激发了创作的兴趣。

## 活动三　剪纸：汽车变形记

教师：何梦雯

扫码看视频 4 - 3 - 1　　　　扫码看彩图 4 - 3 - 1

**活动目标**

1. 通过观察，改变汽车的车顶、车身、车尾，创意变形出新型汽车。
2. 大胆利用剪纸中去角的方法创意设计汽车的外形。
3. 能够从设计创新车型中获得成功的体验，感受其中的快乐。

**活动重点**

通过观察、丰富表象经验，发现外形相似的车型之间有一些不同点，并能够运用多种剪纸方法改变汽车的基本外形，将其变成其他车型。

**活动难点**

能够在汽车底部不变的基础上，运用剪纸中去角的方法，大胆创新汽车外形。

**活动准备**

1. 经验准备：认识各种类型的汽车；能用剪刀剪出简单的汽车轮廓。

2. 数字化资源准备：视频4-3-1《汽车变形记》（实录课）、视频4-3-2《汽车变形记》（白板课件），音频4-3-1《汽车变形曲》。

3. 物质准备：彩色卡纸、剪刀、纸杯、碎纸筐（图4-3-1），道路背景图纸（图4-3-2）。

图4-3-1

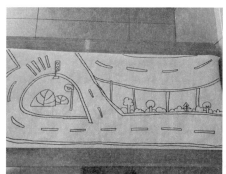

图4-3-2

**活动过程**

扫码看视频4-3-2

**（一）音乐引入，激发兴趣**

教师播放视频4-3-2《汽车变形记》（白板课件）（参看视频4-3-2），创设改装汽车的情境（图4-3-3），引导幼儿变身为汽车修理工，通过欢快的音乐节奏和舞蹈动作，丰富幼儿表象经验，激发幼儿参与活动的兴趣。

教师：小小修理工们，咱们一起去改装汽车吧！

环节目的：创设改装汽车的情境，激发幼儿参与汽车变形剪纸活动的兴趣。

数字化支持：使用课件中的"超链接"功能播放视频和音乐，运用动画效果与幼儿互动。

**（二）创设情境，通过改变汽车的顶部变出新型汽车**

**1. 创设情境，引导幼儿关注改装新型汽车的方法。**

教师播放视频4-3-2《汽车变形记》（白板课件），利用情境引导幼儿在观察、对比相似车形的基础上，思考改装新型汽车的方法。

教师：汽车加工厂又要改装新的汽车了。你想到哪个车间看一看呢？请你带着我们一起进车间里看看吧！

请一名幼儿到一体机前动手操作，选择相应的车间大门（图4-3-4），点击进入。

数字化支持：教师利用白板课件中点击选择进入车间的方式，激发幼儿参与活动的兴趣。

图4-3-3　　　　　　　　　　　　　　　图4-3-4

**2. 通过对比发现两辆汽车外形的不同点。**

重点提问：这两辆汽车的外形很相似（图4-3-5）。谁能找到它们的不同点，用笔圈出来呢？

请一名幼儿到前面的一体机前观察、对比两辆汽车的外形，利用希沃白板课件的画笔功能，圈出不同之处。

环节目的：引导幼儿通过观察、对比，了解汽车外形的相同点与不同点。

数字化支持：引导幼儿细致观察对比，发现两辆汽车外形的不同之处，利用白板课件中的画笔功能，将不同之处圈出来。

重点提问：这两辆汽车的不同点在车的什么位置？

幼儿：它们的上面不一样，这辆汽车的车顶有灯，那辆汽车的车顶是平的，没有顶灯（图4-3-6）。

小结：原来在汽车外形相似的基础上，通过改变汽车的顶部，增加车灯，就可以变出新型汽车。

教师：谁能说一说，这两辆汽车分别是什么车？它们各有什么功能？

幼儿：我知道，这辆没有顶灯的汽车是小轿车，我们家里开的就是它。另一辆是出租车，上面有凸起来的标志灯，上面写着"TAXI"。

幼儿：警车也是这样的。警车的上面也有标志灯，叫警灯。它会发出警报声。

图 4 - 3 - 5　　　　　　　　　　　　图 4 - 3 - 6

### （三）通过改变汽车的车身变出新型汽车

**1. 外形相似的汽车，改变其主体也能变成新车。**

教师：我们到下一个车间去看一看，这个车间摆放的两辆汽车外形也很相似（图 4 - 3 - 7），你能找到它们的不同点吗？请你把它圈出来吧！

请个别幼儿到一体机前，通过观察图片，对比后发现两辆汽车外形的不同，运用白板课件中的画笔功能圈画出不同之处。

重点提问：谁能说一说，这个小朋友圈出来的是什么？它们在汽车的什么位置？

幼儿：这是红十字标志，救护车上就有这个标志。

幼儿：这辆车中间还有标志，是警车的徽章，还有"公安"两个字（图 4 - 3 - 8）。

图 4 - 3 - 7　　　　　　　　　　　　图 4 - 3 - 8

小结：原来在汽车外形相似的基础上，让车身发生变化，也可以变成新型汽车。

教师：那谁能说一说，这两辆汽车分别是什么车？它们分别有哪些功能呢？

幼儿：一辆是救护车，可以救生病的人；另一辆是警车，抓坏人用的。

### （四）通过改变汽车的后半部分变出新型汽车

教师：这两辆车呢？它们的车头很相似（图4－3－9），你能找到它们的不同点吗？

幼儿：它们的后面不一样，一个是水泥罐，另一个是长方形的货箱（图4－3－10）。

教师：原来在汽车车头相似的基础上，通过改变车身的后半部分，也可以变成新型汽车。

图4－3－9

图4－3－10

环节目的：引导幼儿通过细致观察、对比，找到两辆汽车的后半部分不同，学会改变汽车的后半部分将其变成新型汽车。

数字化支持：引导幼儿利用白板课件的画笔功能，圈出两辆汽车的不同点。

### （五）与白板互动，巩固创作经验

幼儿通过改变车顶、车身、车尾的造型，变出新型汽车。

重点提问：看，这里有一个车底，周围有不同形状、样式的汽车材料。谁能在车底不变的基础上，利用这些材料改变汽车的顶部、车身和后半部分，把它变成新型汽车呢（图4－3－11）？

请个别幼儿到一体机前，与多媒体互动，通过拖拽、拼摆不同的汽车部件形状，设计出新型汽车，巩固认知，知道可以在汽车基本外形不变的情况下，通过改变不同部件的形状，变出新型汽车（图4－3－12）。

数字化支持：教师通过拖拽、锁定、拼接、照相等方法，引导幼儿观察不同车辆外形的变化。

重点提问：谁能用完整的句子说一说，"你先用什么材料？再用什么材料？最后用什么材料？变出了什么功能的汽车"？

幼儿：我先用正方形当做汽车的车身，再把三角形放在上面，最后将长长的机械臂安装在车的后面，把它变成了一辆种树车。它的机械臂可以伸出来，把树苗种到树坑里。

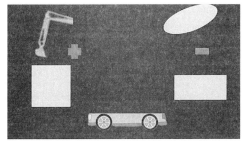

图4-3-11

图4-3-12

幼儿：我先把好多长长的机械臂放在后面，再把一个正方形放在前面，当做汽车司机的驾驶室。司机可以坐在里面，操控每个机械臂做不同的工作。

幼儿：我是这么想的，我先把一个长方形放在车的后面，再用一个正方形当做车的前面，把一个大钩子放在最前面，再把一个小长方形放在车顶上，当做车灯。我设计的车前面有钩子可以钩东西，后面有货箱，可以装货物。司机还可以把车顶的警示灯打开，这样周围的人就能知道它在哪里了，也会注意安全。我这个车叫"多功能钩车"。

教师：现在，请小朋友们用完整的话互相说一说，你还可以通过改变汽车的顶部、车身和尾部变出什么样儿的汽车呢？

### （六）游戏"汽车变形"

教师播放音频4-3-1《汽车变形曲》，引导幼儿两人一组，互相配合，用肢体动作表演汽车变形（图4-3-13、图4-3-14）。

重点提问：这回，请你们两人一组，互相配合，一个人当车头，另一个人当车身。当音乐响起时，两人进行汽车变形。当音乐停止时，请你们定住，说一说你们变出了什么功能的车。

幼儿：我们变出来的是"飞机车"。这辆汽车的上面可以转动，后面还有个大箱子，可以装东西。

幼儿：我们变的是"王冠冰淇淋车"。你看，我的手放在头上，就是王冠，后面是冰淇淋上面的卷卷。

扫码听音频4-3-1

图 4-3-13　　　　　　　　　　　　图 4-3-14

### （七）剪纸新型汽车

**1. 为幼儿提供充分想象的空间，引导其大胆创新，改变汽车的外形。**

教师：小小修理工们，你们想一想，在车底不变的基础上，改变汽车的顶部、车身、尾部，可以创新出哪些汽车呢？

**2. 幼儿剪纸，教师巡回指导。**

（1）教师提醒幼儿注意安全使用剪刀，遇到问题时，自己想办法解决或举手请教老师。

（2）教师根据幼儿个体差异，帮助个别幼儿丰富创作经验（图 4-3-15）。

数字化支持：通过白板课件超链接功能播放视频，丰富幼儿表象经验，创设宽松的剪纸环境。

幼儿：你猜猜，我这辆车上面的东西是什么？这个是直升飞机的螺旋桨，下面还有个梯子。我要做一辆可以飞的直升飞机救援车。

幼儿：我这个是铲子，可以铲东西。上面立起来的这个，可以喷水。要是铲到有灰尘的东西，就可以喷水，让灰尘落下去。这样，就不会污染环境了。我打算给它起个名字，叫"多功能升降机铲车"（图 4-3-16）。

图 4-3-15　　　　　　　　　　　　图 4-3-16

**3. 播放不同外形的汽车图片，丰富幼儿创作经验。**

教师播放视频 4-3-2《汽车变形记》（白板课件），出示不同汽车造型图片，丰富幼儿创作经验。

## （八）展示与分享

教师播放视频4-3-2《汽车变形记》（白板课件）最后结束部分的音乐，引导幼儿将自己的作品放在道路背景图纸上（图4-3-17），并向其他幼儿介绍自己创作作品的思路和方法。

教师：剪完作品的小朋友想一想，你设计了一辆什么车？你是怎样设计的？它有什么功能呢？

教师：小小修理工们，你们可以将自己剪好的汽车放在道路上，跟其他的小朋友分享一下你是怎么设计汽车的。

数字化支持：通过白板课件的超链接功能，播放音乐，让幼儿展示与分享作品，体验成功创作的乐趣。

图4-3-17

**幼儿作品**（图4-3-18、图4-3-19）

图4-3-18

图4-3-19

**活动延伸**

1.教师引导幼儿进行小组合作，几名组员共同运用剪纸的方法制作新型汽车作品并展示。

2. 教师收集幼儿的创意作品，在班里举办汽车剪纸作品展。

**活动反思**

**1. 导入环节激发幼儿兴趣。**

在导入环节，教师创设汽车改装车间的情境，激发幼儿参与活动的兴趣，引导幼儿发散思维，大胆想象。教师通过白板课件的超链接功能，播放视频和音乐，创设神秘的氛围，吸引幼儿的注意力，引导幼儿变身汽车修理工，引出活动的主要内容。

**2. 活动过程把握重、难点。**

教师利用白板课件中的"拖拽""画笔"功能，引导幼儿对比观察外形相似的汽车，在此基础上通过改变车顶、车身、车的后部，变成不同功能和造型的新型汽车。接着，教师运用"相机截图"的功能将变形后的汽车展现在白板页面中，使幼儿能清晰地看到在相似车底基础上变形的新型汽车。教师通过"拉幕""连接"的方式自然地转换到下一个环节，增加活动环节之间的神秘感，让幼儿集中注意力，大胆创新车辆外形。

**3. 利用多种途径丰富幼儿创作经验。**

教师利用"影视"制作的手法丰富幼儿表象经验，引导幼儿感知不同汽车的外形特点，激发幼儿的创作灵感。在设计活动时，教师首先想到的是这一环节想要解决的问题是什么，然后从白板课件中寻找相应的、能巧妙解决这个问题的功能。例如，教师想让幼儿观察后有一个猜想、验证的过程，于是，用到了"动画"和"画笔"的功能，让幼儿先发现外形相似的汽车，再找出它们的不同点进行对比，使幼儿直观地发现在外形相似的基础上，通过改变车顶、车身、车的后部可以变出新型汽车。之后，教师通过"拖拽"功能，引导幼儿将不同的图形移动到车的不同位置，组装出具有不同功能的新型汽车，让幼儿大胆创意并将自己的想法自然地呈现出来。

## 活动四　立体书制作:《小老鼠快乐的一天》

教师：朱培培

扫码看视频 4-4-1　　　扫码看彩图 4-4-1

**活动目标**

1. 通过小组合作绘画的方式，制作立体书《小老鼠快乐的一天》。

2. 合作绘画立体书时，能关注到每页画面之间的关系，按照一天时间的先后顺序，合理地安排画面内容。

3. 乐于分享自己独特的想法，大胆讲述绘画内容。

**活动重点**

能与同伴分工、合作，画出小老鼠在一天的时间里发生的故事，制作成相应的立体书。

**活动难点**

知道合作绘画故事书时，情节设计要合乎情理。

**活动准备**

1. 经验准备：幼儿了解老鼠的不同动作与姿态；幼儿熟悉绘本《十四只老鼠》系列、《七只老鼠》系列；幼儿看过《小老鼠波波》的动画片；幼儿制作过不同样式的自制图书，如图画书、剪贴书等；幼儿有合作绘画的经验，合作画过主题画《快乐的一家》；幼儿认识钟表，知道整点时间如何表示，知道一天中不同的时间变化。

2. 数字化资源准备：视频4-4-1《小老鼠快乐的一天》（实录课）、视频4-4-2《小老鼠快乐的一天》（白板课件）、视频4-4-3《快乐的小老鼠》（绘本微课），音频4-4-1《鸟之诗》。

3. 物质准备：立体书成品、白色绘画纸、油画棒、水彩笔、黑色起稿笔、泥钉胶（图4-4-1）。

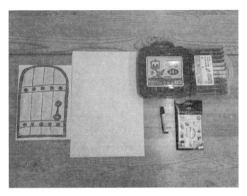

图4-4-1

扫码看视频4-4-2

**活动过程**

### （一）导入环节

教师激发幼儿参与活动的兴趣，引导幼儿观察画面，了解画面的先后顺序。

教师播放视频 4－4－2《小老鼠快乐的一天》（白板课件）（参看视频 4－4－2），创设充满童趣的场景，引导幼儿观察有趣的小老鼠和不断变换的场景，进一步激发幼儿的创作兴趣。

教师：小朋友们，今天，老师为大家准备了一本有趣的书，让我们一起敲敲门，看看里面会发生什么有趣的事情吧（图 4－4－2）！

**1. 出示图片：小老鼠在家时的不同情境。**

教师：早晨，小老鼠起床了。它先做了什么事情？又做了什么事情？最后，做了什么事情？谁来说一说（图 4－4－3）？

教师：请小泽来说一说。

幼儿：它先是起床、刷牙，然后去吃早饭。

教师：你观察得真仔细！早晨，小老鼠还可以做哪些有趣的事情呢？谁来说一说？

幼儿：早晨，小老鼠还可以在家里听音乐。

教师：真棒！其他的小朋友还有不同的想法吗？

幼儿：早晨，小老鼠除了在家里打游戏，还可以看书。

教师：嗯，这是个有趣的想法。小朋友们说得都特别好！每个人都有不同的想法。

图 4－4－2

图 4－4－3

**2. 出示图片：小老鼠到超市买东西。**

提问：小老鼠出了家门，去了什么地方？做了什么事情？谁来说一说（图 4－4－4）？

幼儿：小老鼠骑着车，去超市买菜。

追问：小老鼠还可以做哪些事情呢？

教师：请你仔细想一想，把你的想法告诉大家。

幼儿：可以去锻炼身体。

教师：很好！其他的小朋友还有不同的想法吗？

幼儿：可以回家睡觉。

教师：真棒！小朋友们的想法都特别有趣！

**3. 出示图片：小老鼠晚上回到家，洗漱、睡觉。**

教师：到了晚上，小老鼠在家里做了哪些事情（图4-4-5）？

幼儿：小老鼠先洗澡，然后睡觉。

追问：晚上，小老鼠还可以做哪些有趣的事情？

幼儿：看电视。

教师：其他小朋友还有不同的想法吗？

幼儿：在家里搭积木。

幼儿：还可以为小花浇水。

教师：小朋友们的想法都特别有创意！

图4-4-4　　　　　　　　　　　　　　图4-4-5

**4. 幼儿对比、观察画面内容，感受一天当中时间的变化。**

引导幼儿对比、观察三幅图片（图4-4-6），发现场景和环境的不同变化。

教师：小老鼠快乐的一天结束了。哪位小朋友愿意给这三幅图排好顺序？

教师：请你来试一试（图4-4-7）。

追问：你为什么要这样排列三幅图片的顺序？

幼儿：因为我看到这张图是早晨起床、刷牙的时候。我从第二幅图里看到了太阳升到了头顶，就是中午。这幅图，我看到窗帘外边是黑色的，也就是说到了晚上。

教师：你观察得真仔细！这个小朋友发现了一天当中时间发生了不同的变化，有早晨、中午和晚上。不同的时间，小老鼠做的事情也不一样。

图 4-4-6          图 4-4-7

小结：如果我们要制作一本书，需要注意时间的变化，每幅画中都要提前确定不同的小老鼠的角色，它们在不同的时间做着不同的事情。我们还要注意遵循一天当中时间变化的规律，给每幅画标好页码，排好顺序，粘贴在一起，变成一本立体书。

环节目的：创设故事情境，引导幼儿发散思维，帮助幼儿了解小老鼠可以在一天当中不同的时间，到不同的地方，做不同的事情，注意故事情节设计得要合理。

数字化支持：三幅图片中的钟表、太阳升起的位置、窗外黑色的天空和星星等元素能够进一步帮助幼儿明确小老鼠在一天当中的什么时间段，再通过画面中的情节表现小老鼠在这个时间段去了不同的地方，做了不同的事情。教师引导幼儿通过对比、观察三幅图片的画面细节，进一步了解了故事情节的发展始终遵循时间发展的规律，体现了合理性和逻辑性。

### （二）分组讨论，明确绘画任务

鼓励幼儿大胆地与同伴交流，引导幼儿通过语言描述来创设故事情境，结合个人生活体验，按照一天的时间顺序，合理构思故事情节。

教师：今天，小朋友们要分组制作立体书《小老鼠快乐的一天》。请你和你们组的其他小朋友一起想一想、说一说，你们组设计的小老鼠会在什么地方出现？发生什么有趣的事情？你们组的成员想怎样分工与合作？请你和身边的小朋友一起讨论一下（图 4-4-8，图 4-4-9）。

教师：你们组想怎么分工啊？谁负责画什么内容？这个内容是一天当中哪个时间段的？

幼儿：我负责画中午的。

幼儿：我负责画晚上的。

教师：其他的小朋友呢？一天当中，还有哪些不同的时间段？

幼儿：还有下午和早晨。

教师：那你们小组快来讨论一下，早晨、中午、下午、晚上的时候，小老鼠分别去哪些不同的地方？具体做哪些有趣的事情呢？

幼儿1：小老鼠可以骑车去公园，做游戏。

教师：你还有什么好的想法？

幼儿2：小老鼠可以去海边游泳。

幼儿3：这是你从绘本上看到的内容吧！

幼儿2：小老鼠可以先洗澡，再睡觉。

幼儿4：小老鼠可以出门锻炼身体。

教师：你们已经安排好一天当中不同的时间段及相应的故事情节了。一会儿，请你们到前面和大家分享一下。

图4-4-8

图4-4-9

教师：刚才，老师听到每个小朋友都有不一样的想法。哪组小朋友愿意和大家分享一下呢（图4-4-10）？

图4-4-10

教师：请这组小朋友到前面跟大家分享一下吧！你们准备好之后，就可以开始了。

幼儿：早晨，小老鼠去农场拣鸡蛋；中午，小老鼠回家吃午饭；下午，小老鼠去海边游泳；晚上，小老鼠回家后先洗澡，再睡觉。

教师：这组小朋友讲的故事好不好？我们快给他们一些掌声鼓励鼓励吧！

小结：小朋友们的故事都特别精彩！小老鼠可以在一天当中不同的时间段，到不同的地方，做很多有趣的事情。现在，请小朋友们绘画小老鼠快乐的一天吧！

环节目的：幼儿自由分组，大胆想象与讨论故事情节，简单地向同伴叙述自己想要画的画面内容，进一步明确自己的绘画任务。

### （三）小组合作绘画，教师巡回指导

幼儿进行绘画创作。教师在幼儿绘画过程中，播放音频 4-4-1《鸟之诗》，营造轻松、愉悦的美术创作氛围，允许幼儿与同伴轻声交流绘画内容的细节。

扫码听音频 4-4-1

**1. 鼓励幼儿与同伴交流，达到经验共享的目的。**

教师：小朋友们在绘画过程中，可以随时和同伴进行交流，不断丰富画面的故事情节（图 4-4-11、图 4-4-12）。

**2. 借助多媒体，引导个别幼儿丰富画面内容和细节。**

教师播放视频 4-4-3《快乐的小老鼠》（绘本微课）（参看视频 4-4-3），选择绘本中生动、有趣的不同场景图片循环播放，供个别能力较弱的幼儿参考和模仿。

扫码看视频 4-4-3

图 4-4-11

图 4-4-12

**3. 指导幼儿结合一天的时间顺序，合理设计小老鼠在不同的时间段、做不同的事情。**

教师：小朋友们在绘画过程中要注意故事情节发生时的时间变化和场景的变化。

幼儿：我不知道这里要怎么画？

教师：我这里还有很多好看的图片，你可以借鉴一下。咱们到一体机前看一看！这里有很多不同姿态的小老鼠，它们做着不同的事情，身体动作也不同。

幼儿：我喜欢这个。我可以画小老鼠和同伴一起下飞行棋吗？

教师：当然可以！你可以丰富一下自己的画面细节，再去试一试，好吗？

教师：要注意小老鼠的身体特征，它的哪些部位是露在衣服外面的。别忘了，它还有一条细长的尾巴。

教师：你画得真好呀！椰子树的形状是细细长长的、弯弯的形状，像月亮，又像镰刀。树梢上挂着圆圆的椰子（图4-4-13～图4-4-16）。

图4-4-13

图4-4-14

图4-4-15

图4-4-16

环节目的：允许幼儿与同伴简单地交流，以便确定绘画的故事情节和细节。教师巡回指导，帮助幼儿合理安排小老鼠在一天当中不同的时间段，做着不同的事情，引导幼儿分工与合作，进行立体书的制作。

数字化支持：对于个别能力较弱的幼儿，教师可以循环播放视频《快乐的小老鼠》，帮助其拓宽思路、丰富经验、模仿参考。同时，播放音频《鸟之诗》，营造轻松、愉悦的美术创作氛围。

**（四）作品展示，分享创意**

**1. 分组展示：同伴间互相欣赏并讲述自己的绘画故事。**

教师：我们可以一起看看，超市里有哪些丰富的商品（图4-4-17）？

幼儿：这个是什么？我觉得像樱桃。

幼儿：我觉得这个是鸡蛋，这个是果汁……这里还有蘑菇和香蕉。

教师：已经画好的小朋友可以将你们组的绘画作品按照时间顺序排好，制作成一本立体书（图4-4-18）。

教师：咱们可以一起翻看，看看立体书立起来之后，可以看到书里每一页图片。

幼儿：这个火锅的颜色好漂亮啊！里面还有很多好吃的！

教师：这个是鸳鸯火锅，一半辣，一半不辣。

图 4 - 4 - 17          图 4 - 4 - 18

**2. 集体讲评：分享个别小组的立体书，了解有创意的故事情节。**

教师：哪组小朋友愿意来分享一下你们组画的故事书《小老鼠快乐的一天》?

教师：请这组小朋友给大家分享一下。你们准备好，就可以开始啦！

幼儿：早晨，小老鼠开车去电影院看电影；中午，小老鼠去游乐场滑滑梯；下午，小老鼠和妈妈去超市买做晚餐用的食材；晚上，小老鼠和妈妈在家里吃火锅（图 4 - 4 - 19）。

教师：真棒！咱们快给这组的小朋友们一些掌声，鼓励鼓励他们吧！

教师：小朋友们的画都特别有创意，故事情节也非常生动、有趣（图 4 - 4 - 20)！我们看到小老鼠在一天的不同时间到了很多不一样的地方，做了很多快乐的事情。如果你想丰富自己的绘画作品，可以在活动后到美工区继续创作。

图 4 - 4 - 19          图 4 - 4 - 20

环节目的：在轻松的氛围中，引导小组幼儿与同伴分享本组成员一起画的故事书，并了解他人的创意，从中体验成功的喜悦与自豪。

幼儿作品 （图 4 - 4 - 21～图 4 - 4 - 24）

图 4 - 4 - 21　　　　　　　　　　图 4 - 4 - 22

图 4 - 4 - 23　　　　　　　　　　图 4 - 4 - 24

活动延伸

**1. 图书区。**

（1）小组幼儿共同合作，为立体书设计并制作封面和封底，标注页码、作者和出版社等相关信息。

（2）在图书区，幼儿和同伴分享立体图画书《小老鼠快乐的一天》。

（3）教师引导幼儿讲述故事内容，为幼儿录制视频，并制作相应的二维码，附在立体图画书上，便于他人扫码观看。

**2. 表演区。**

在表演区，幼儿根据《小老鼠快乐的一天》故事内容，创编童话剧剧本并表演。

活动反思

**1. 活动内容的选择。**

本次活动中，教师从幼儿熟悉且十分感兴趣的绘本引入，结合幼儿已有经验，联系幼儿的实际生活，进一步激发幼儿大胆想象和创作。教师结合大班幼儿年龄特点，采用合作绘画的方式，鼓励大班幼儿合作化学习，引导幼儿在讨论中学习、体验、感受小组分工合作的重要性。在幼儿绘画过程中，教师注重对个别幼儿的指导。教师提供的参考视频也起到了很好的引导作用，能够激发个别幼儿的创作灵感，帮助幼儿进一步丰富自己的绘画作品，为幼儿拓宽创作思路，丰富已有经验，可以模仿、学习、参考。

**2. 活动过程的开展。**

在活动过程中，教师能够引导幼儿与多媒体互动，通过观察绘本电子书的画面细节、小组讨论等体验环节，引导幼儿仔细观察，促进幼儿美术感知与欣赏能力的发展。在讲评环节，教师能够营造轻松的氛围，鼓励幼儿与同伴分享并讲述自己创作的故事情节，了解他人的创意，体验成功的喜悦与自豪。

**3. 活动结束的反思。**

本次活动环节设计合理，做到了环环相扣，但是在各个环节时长的安排上，还要加以控制。幼儿是否已经达成本次活动目标；是否需要占用课上时间进行经验回顾；在回答问题的过程中，是否应给予幼儿一定的思考时间，之后再引导幼儿用完整的语言进行回答；本次活动的侧重点是什么；制作图书的目标是否需要在课后完成……这些问题都是值得教师反思的。本次活动的重、难点应侧重于幼儿与同伴合作讨论立体书的故事内容，此环节应为幼儿提供更多的时间。教师应注重指导幼儿关注本组幼儿设计的故事情节是否有关联、怎样体现，引导幼儿有效地运用前期经验。

# 活动五　创想画：魔法纸游戏

教师：陈　琳

## 活动目标

1. 细致观察并探索画中画的制作方法。
2. 大胆想象，创作有趣的画面内容，表现自己的创造力。
3. 愿意与同伴分享自己的作品，感受趣味绘画带来的快乐。

## 活动重点

通过观察和讨论，掌握画中画的制作方法。

## 活动难点

知道应该把这幅画最有趣和让人惊奇的部分画在纸张

扫码看彩图 4-5-1

折起来的位置，大胆创意独特的画面内容。

**活动准备**

1. 经验准备：幼儿画过具有夸张效果的画；知道常见动物的外形特征；会四等分折纸；欣赏过不同形状的帽子。

2. 数字化资源准备：视频 4 - 5 - 1《魔法师表演》、视频 4 - 5 - 2《魔法纸游戏：长颈鹿》、视频 4 - 5 - 3《魔法纸游戏：小汽车》，课件 4 - 5 - 1《魔法纸游戏》。

3. 物质准备：水彩笔、绘画纸（图 4 - 5 - 1），自制折叠画、长颈鹿颈部空白的折叠画（图 4 - 5 - 2～图 4 - 5 - 5）。

扫码看课件 4 - 5 - 1

图 4 - 5 - 1

图 4 - 5 - 2

图 4 - 5 - 3

图 4 - 5 - 4

图 4 - 5 - 5

活动过程

## （一）播放视频，激发兴趣

教师播放视频4-5-1《魔法师表演》（参看视频4-5-1），引导幼儿观看，激发幼儿参与活动的积极性。

教师：小朋友们好！我是一名魔法师，我拥有神奇的魔法。今天，我带来了一幅神奇的魔法画。你们看看，画上有什么呀？现在，我要给这幅画施魔法啦！巴拉巴拉变，让我们再来看一看，这幅画里有什么？画里变出了什么？这幅魔法画是不是特别神奇呀（图4-5-6）？

扫码看视频4-5-1

重点提问：这么神奇的魔法画就在你们的桌子上，快拿起来看一看，它是怎么折的？怎么画的？

环节目的：创设游戏情境，导入活动，吸引幼儿的注意力，激发其参与活动的兴趣。

数字化支持：播放视频，创设游戏情境，激发幼儿参与活动的积极性。

图4-5-6

## （二）玩一玩有趣的画，探究绘画方法

**1. 幼儿探究魔法画绘画的方法，了解制作的关键部分。**

教师：画魔法画时，需要魔法画纸。这张画纸是怎么折的？

重点提问：魔法画纸是怎么折的？桌子上有纸，请小朋友们快试一试吧！

幼儿：先短边对折，再对折，把上面的那一页翻开，就折好了。

扫码看视频4-5-2

教师播放视频4-5-2《魔法纸游戏：长颈鹿》(参看视频4-5-2)，引导幼儿观看视频，学习魔法画纸的折纸方法(图4-5-7、图4-5-8)。

教师：这么神奇的魔法画纸，你们会折了吗？快去试一试吧！

**2. 了解绘画内容，感受绘画的趣味性。**

教师：你们组的魔法画合上的时候是什么？打开以后，发生了什么有趣的事儿？

幼儿：我们组的魔法画合上的时候是一只恐龙，打开以后，变成了两只恐龙。这两只恐龙的颜色也不一样。

教师：这组的魔法画合上的时候是一只恐龙，打开以后，变成了两只。恐龙的数量由少变多了，而且恐龙还会喷火。谁想来介绍一下你们组的魔法画？

幼儿：我们组的魔法画合上的时候瓶子里面有两只老鼠，打开以后，多了一只老鼠，还多了一只猫，这只猫想把这三只老鼠都抓到。

教师：这些发生变化的画面内容都画在了纸的什么位置？

幼儿：都画在了纸折起来的位置。

教师：这些有趣的事情都藏在了纸折起来的部分。有一只长颈鹿，打开之后，头和身体是分开的，想一想，它的脖子上会发生什么有趣的事情呢？

幼儿：会有其他的动物在长颈鹿的脖子上滑滑梯。

小结：原来有趣的事情要画在魔法画纸折起来的部分。

环节目的：引导幼儿细致观察魔法画纸的折叠方法，并大胆讨论折起来的部分可以画哪些有趣的事情。

数字化支持：教师使用白板的标注功能与播放功能，出示魔法画，重点展现长颈鹿头部和身体分开时的图片与视频，引导幼儿观察并思考如何绘制魔法画。

图4-5-7　　　　　　　　　　　图4-5-8

## (三) 再次欣赏视频，拓宽幼儿创作思路

教师播放视频4-5-3《魔法纸游戏：小汽车》(参看视频4-5-3)，引导

幼儿观看，通过提问，激发幼儿大胆想象，拓宽幼儿创作思路。

扫码看视频 4 - 5 - 3

重点提问：这幅魔法画从什么变成了什么？

教师：这幅魔法画有什么变化（图 4 - 5 - 9）？

幼儿：这幅画从一辆大汽车变成了一个机器人。

小结：原来魔法画还能让一个物体变成另外一个物体（图 4 - 5 - 10）。

环节目的：拓宽幼儿绘画思路，激发幼儿创作兴趣。

数字化支持：播放折叠画视频，引导幼儿了解魔法画更多的变化方式。

图 4 - 5 - 9

图 4 - 5 - 10

### （四）幼儿绘画，教师指导

重点提问：今天，你们也变身魔法师，画一幅属于自己的魔法画吧！

教师：你想画什么内容的魔法画？让它的哪个部分发生变化？发生什么有趣的变化？

幼儿：我想画一只大老虎，让它张开的嘴巴里有很多好吃的。

教师：快去画一幅有趣的魔法画吧！看谁画出来的魔法画最有趣？

重点指导：

1. 绘画画面的折叠部分时，要预留较大的绘画空间，方便画出更丰富、有趣的画面（图 4 - 5 - 11、图 4 - 5 - 12）。

2. 可以根据绘画内容的变化，调整纸张折起来的部分。

图 4 - 5 - 11

图 4 - 5 - 12

（五）分享与讲评

**1. 幼儿展示作品，同伴间互相欣赏。**

幼儿将画作放在桌子上，离开自己的座位，去欣赏其他幼儿的画作。

**2. 介绍自己创作的魔法画内容。**

重点提问：谁愿意把自己创作的魔法画讲给大家听？

教师：小魔法师们，你们的魔法画都变出来了吗？谁想来介绍一下自己的魔法画？

幼儿：这是一个鸭蛋。它放在了桌子上面。我要给它施魔法了。咕噜咕噜，变！打开里面，是一个鱼缸，有一只小鸭子在里面游泳。

**3. 教师讲评并分享魔法画的趣味性和幼儿奇特的想法。**

教师：小朋友们，你们的魔法画都非常有创意！你们想不想给别的班的弟弟、妹妹们介绍一下呢？

幼儿：我想到户外给弟弟、妹妹们介绍魔法画，变魔法。

**幼儿作品** （图 4 - 5 - 13～图 4 - 5 - 16）

图 4 - 5 - 13

图 4 - 5 - 14

图 4 - 5 - 15

图 4 - 5 - 16

**活动延伸**

1. 幼儿自制趣味魔法故事书，投放到图书区，引导幼儿向大家介绍自己的作品。

2. 录制《魔法故事》小视频，与其他班级的幼儿及家长分享。

**活动反思**

**1. 情境贯穿活动始终，激发兴趣。**

本次活动符合大班幼儿的年龄特点，设计了魔术师变魔术的情境并贯穿活动始终，激发幼儿对活动的兴趣，让他们能积极、主动地参与到活动中来，使活动具有趣味性和挑战性。

**2. 自主探究，合作学习。**

《纲要》指出，大班幼儿是合作化的学习方式。幼儿能够主动探究，在与同伴交往、互动的过程中自主学习。本次活动充分调动了幼儿自主学习的积极性和内驱力。教师通过出示制作好的魔法画成品，引导幼儿发现作品的趣味性和成功变出魔法的秘密，再通过集体分享、经验交流，进而达到经验共享的目的，从而解决活动的难点问题，让孩子们在观察的基础上大胆探究，动手绘制，体验成功的喜悦。

**3. 数字化支持，发散思维。**

活动过程中，教师利用不同的视频贯穿活动始终。活动之初，教师播放魔术师的情境视频，让幼儿投入到变魔术的情境中，从而激发幼儿参与活动的兴趣。活动中，教师通过播放微课视频，帮助幼儿总结制作魔法画的方法和经验。活动最后，教师通过视频发散幼儿思维，引导幼儿大胆想象，发挥想象力和创造力，鼓励幼儿创作出更多、更有创意的新作品。

本次活动用观察、讨论、同伴讲解、多媒体辅助等方式，帮助幼儿解决了活动中的重、难点问题。幼儿在交流的过程中发现了同伴的奇思妙想，再次绘画时，也能继续到一体机前观看绘画魔法画的视频，使幼儿更好地绘画作品，在美术游戏的趣味变化中感受神奇与有趣。每个幼儿的作品都非常独特，体现了丰富的想象力与创造力。

## 活动六 版画拓印：跳舞的小人

### 教师：李念东

扫码看彩图 4-6-1

### 活动目标

1. 大胆尝试在纸上拓印，创作不同姿态的人物形象。

2. 体验不同的绘画方式，感受运用版画拓印进行人物创作的有趣，乐于讲述自己的作品内容。

3. 感受人物拓印画的美，体验变废为宝的乐趣。

### 活动重点

大胆进行人物创作，用拓印的方式表现人物不同的舞蹈动作。

### 活动难点

尝试版画拓印，能清晰地印出不同人物的不同动作。

### 活动准备

1. 经验准备：知道不同形状的纸板组合后可以制作不同的人物造型；了解人物的不同舞蹈动作；有拓印和绘画的创作经验。

2. 数字化资源准备：课件 4-6-1《跳舞的小人》。

3. 物质准备：绘画纸人手一张、合作绘画大纸两人一张（自选）、幼儿共同收集的各色瓦楞纸、多种颜色的颜料、大小不同的刷子、纸盘、胶棒、双面胶（图 4-6-1、图 4-6-2）。

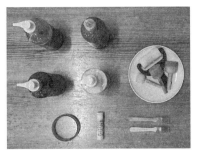

图 4-6-1           图 4-6-2

**活 动 过 程**

### （一）展示作品，导入活动

**1. 区域活动作品分享，引发幼儿对版画拓印的兴趣。**

教师出示课件4-6-1《跳舞的小人》中幼儿在美工区创作的版画作品《跳舞的小人》，引导幼儿观察这一作品，猜测创作方法。

教师：今天，在美工区活动的姗姗要给大家介绍一下她的新作品。你们猜一猜，她的作品是怎么创作出来的？

环节目的：通过分享同伴作品，导入活动，吸引幼儿的注意力，激发其参与活动的兴趣。

扫码看课件4-6-1

**2. 观察《跳舞的小人》作品，了解版画拓印的方法。**

教师：跳舞的小人是用什么材料创作出来的？

幼儿：我觉得这个跳舞的小人是用彩色颜料印在纸上的。

教师：用什么方法才能把小人印在纸上？

幼儿：可以用不同形状的图形卡纸先摆出一个小人，给它涂上颜色，再印出来。

教师：用什么样儿的图形卡纸都可以摆出拓印的小人吗？

幼儿：不是，要厚一些的纸。

幼儿：图形卡纸要有纹路，有厚度，才能拓印出来。

小结：制作跳舞的小人需要选择有厚度、凹凸不平的图形卡纸进行拼摆（图4-6-3），拼摆的人物可以做出不同的姿态（图4-6-4）。

环节目的：引导幼儿细致观察并发现拓印材料的特点，重点指导幼儿了解拓印的步骤，即拼摆——上色——拓印。

数字化支持：通过出示拓印材料及幼儿操作过程的图片，让幼儿能直观地看到拓印材料的不同及拓印的步骤。

图4-6-3

图4-6-4

### （二）摆放跳舞的小人

**1. 第一次尝试，认识拓印的材料。**

教师：现在，我们已经认识了拓印的材料。大家想想你的跳舞小人可以做什么动作，与同伴说一说，再在纸上摆一摆。

幼儿：我的跳舞小人要把手臂举得高高的，腿要跳起来。

重点提问：跳舞的方向可以有什么变化吗？跳舞小人可以怎样跳舞？

幼儿：跳舞的方向不一样，可以向前跳，也可以手臂和腿都向一个方向跳。

教师：谁来做一做不同的动作？让我们看看，都有哪些舞蹈动作？

幼儿（边说边做动作）：可以做出双手举高、一条腿半蹲的舞蹈动作。

幼儿模仿不同动作的跳舞小人，有的单脚站立、双手叉腰，有的双腿直立，一只手高，一只手低，像风吹起来的样子。

小结：小朋友们用长方形拼摆手臂和腿时，摆放的位置不同，就会变化出不同的跳舞动作。有的小朋友将两个长方形摆放在一侧，当做手臂，其中一个在上面，一个在下面，手臂的方向都朝向一个方向；有的小朋友将两个长方形直直地摆放在身体的两侧，变成腿，让小人做出劈叉的动作；有的小朋友将两个长方形分别摆放在身体的两侧，直直的，让小人做出侧平举的动作。有的小人两个胳膊向上举着，两条腿向两边弯曲着，伸着手，好像要跳起来的样子。因此，跳舞小人四肢摆放的方向不同，弯曲的程度不同，就会做出不同的动作。

环节目的：通过观察及模仿跳舞小人的动作，引导幼儿重点关注手臂和腿的位置，通过四肢摆放的方向、角度、弯曲程度及分合变化等的不同表现出不同的舞蹈动作，为后面拓印创作打基础。

数字化支持：课件中出示拼摆的小人，利用白板课件的画笔功能，画出跳舞小人的四肢，强调它们的不同，引起幼儿的注意，便于幼儿细致观察。

**2. 大胆想象动作，摆放不同姿势的跳舞小人。**

重点提问：你想摆出什么姿势的跳舞小人？

幼儿：我想摆一个跳起来、手臂向上摆的跳舞小人。它的舞蹈动作很优美！

幼儿：我想摆一个胳膊举得高高的、双腿半蹲的跳舞小人。它的舞蹈动作很有力量！

小结：请小朋友们大胆想象，摆出一个你自己最喜欢的、和别人不一样的跳舞小人。

环节目的：鼓励幼儿大胆想象不同动作的跳舞小人，通过变化四肢的位置充分表现自己的想法。

**3. 观摩他人作品，丰富创作经验。**

在集体创作过程中，每个幼儿都会有不同的表现。教师应针对幼儿出现的问题，分层次进行指导。

（1）对于能力强的幼儿，鼓励其和能力弱的幼儿在一张纸上共同完成作品。

教师：你可以和好朋友一起创作。你们商量一下，看看可以创作什么样儿的跳舞小人。

幼儿：我喜欢和我的好朋友一起创作。我们的小人在跳傣族舞蹈。我的好朋友制作站着的跳舞小人，我制作弯腰的跳舞小人。

（2）当幼儿不知道摆放不同姿态的跳舞小人时，引导幼儿观察同伴的作品，看一看他的跳舞小人四肢是如何摆放的，表现了什么舞蹈动作。

教师：你去看看第一组的小朋友是怎么做的，你问问他们，然后你再摆放。

幼儿：我喜欢第一组小朋友做的跳舞小人。我可以让跳舞小人的腿向上摆，这样就可以跳起来了。

（3）对于能力较弱的幼儿，教师可以为他提供一个摆放好的跳舞小人，让其先模仿跳舞小人的四肢动作进行摆放，再创造一个不一样的动作，并丰富画面内容。

教师：你看，老师摆了一个双脚分开站立、双手叉腰的跳舞小人。你看看，把它的手臂和腿移动一下位置，就可以变成什么样儿的跳舞小人？

幼儿：我让它的手臂伸平，让它的腿也伸平，变成做劈叉动作的跳舞小人。

环节目的：教师为不同能力的幼儿提供大胆创作的机会，发挥同伴互助的作用，让能力强的幼儿带动能力弱的幼儿，共同创作。

### （三）拓印跳舞的小人

教师引导幼儿根据自己的喜好和想法，选取材料进行拓印（图 4-6-5～图 4-6-8）。

教师：跳舞的小人摆好了，请为它们涂上你喜欢的颜色，开始拓印吧！上颜色时，试一试，怎么做才能让前面上完色的颜料不干呢？

幼儿：前面的颜料涂得厚一些，不容易干。

幼儿：用刷子快速刷满颜料。拓印的时候，使劲儿向下按压纸张。

教师：凹进去的地方粘不上颜色怎么办？

幼儿：凹进去的地方涂的颜料要更厚实一些。

小结：在给跳舞小人上色时要涂得厚一些、拓印的速度要快一些、手掌用力按压跳舞小人的背面，这样才能将颜料拓印到白纸上。

环节目的：引导幼儿大胆尝试拓印，体验版画拓印创作成功的喜悦与自豪。

图 4 - 6 - 5

图 4 - 6 - 6

图 4 - 6 - 7

图 4 - 6 - 8

## （四）作品展示，分享与交流

**1. 请幼儿自由分享与交流，欣赏同伴的作品。**

教师：谁想给大家介绍一下自己的作品？说一说你的跳舞小人在做什么动作。

幼儿：我和两个好朋友一起创作的跳舞小人，有的小人在弯腰，有的小人在举手，有的小人在欢呼。这些跳舞的小朋友们在一起很快乐！

幼儿：我的跳舞小人在跳跃，还有一个在敬礼。两个人在一起跳舞，很开心！

**2. 推选个别幼儿进行作品分享。**

教师：我们一起来看看菲菲和阳阳的作品。你们猜猜，她们的跳舞小人在做什么？

幼儿：我觉得菲菲的小人手里拿着花，在跳舞。阳阳的小人手扶着膝盖，在下蹲。

教师：那让她们来讲一讲吧！

菲菲：你猜对了。我的小女孩手举着花，在欢呼、跳舞，小男孩在摇动手臂。

阳阳：你猜对了。我的小姑娘和小伙伴都在下蹲，他们手里还有不一样的道具。

教师：这两个小朋友的作品绘画得非常有创意，不仅有跳舞的小人，还有道具，让舞蹈变得更加有趣（图 4 - 6 - 9、图 4 - 6 - 10)！

环节目的：幼儿与同伴分享创作经验，共同感受版画拓印创作成功的喜悦与自豪。

数字化支持：录制幼儿讲述作品内容的视频，分享到班级微信群中。

图 4-6-9

图 4-6-10

**幼儿作品**（图 4-6-11、图 4-6-12）

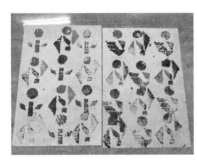

图 4-6-11

图 4-6-12

**活动延伸**

1. 在美工区、图书区可以继续开展与"跳舞的小人"有关的活动，如拓印跳舞的小人后，创编故事并讲述等。

2. 生活中，可以引导幼儿和家长收集表面凹凸不平的废旧材料，分类后，进行摆放、拓印，创作出不同的拓印作品。

**活动反思**

本次活动符合大班幼儿的年龄特点，充分发挥了同伴之间经验与资源共享和信息技术支持的优势。教师能关注到区域活动中幼儿美工创作的闪光点，以个体经验引发群体兴趣，从而引导幼儿更好地进行美术创作。大班幼儿喜欢和同伴一起学习和游戏。教师注重发挥同伴的引领作用，让不同能力的幼儿都能获得发展，同伴合作创作，让自主学习变得更加有效。

**1. 创设情境，激发兴趣。**

活动中，教师创设了"跳舞的小人"情境贯穿活动始终，激发了幼儿参与活动的兴趣，让幼儿始终保持主动参与活动的状态。教师在整个活动中始终保持亲切的教态，有激情地带动幼儿参与活动，借助语言、动作等感染幼儿。

**2. 幼儿合作，成功体验。**

从教学目标完成的情况看，全班幼儿都拓印出了不同姿态的跳舞小人，表现较好。在拓印过程中，幼儿因为要创作的人物较多，出现了上色的跳舞小人颜料容易干，拓印时图案不清晰的情况，个别凹凸的地方颜料涂抹得不够厚实，出现了少色的情况。教师及时鼓励幼儿利用与同伴合作的方式快速上色和拓印，或者拼摆出单独的跳舞小人后，拓印在同一张纸上，丰富画面内容，使幼儿获得创作的满足感和成功的体验。

**3. 作品分享，幼儿交流。**

作品分享环节，幼儿完成创作后，进行了分享与交流。在幼儿互相介绍作品时，有的幼儿还会让同伴猜测画面中的人物形象、动作等细节，使分享环节变得更加轻松、有趣。在集体分享时，幼儿自行推选作品，进行交流，使得讲评环节出现了幼儿与幼儿积极互动的现象，充分体现了大班幼儿互相学习与交流的活动方式。

# 活动七 剪纸：趣味长颈鹿

教师：何梦雯

### 活动目标

1. 通过观察与动作模仿，运用剪纸的方式刻画长颈鹿的外形特征。
2. 大胆设计长颈鹿夸张的动态造型。
3. 感受剪纸作品的布局，体验成功的喜悦。

扫码看彩图 4-7-1

### 活动重点

在观察真实的动态长颈鹿的基础上，用纸剪出不同动态的长颈鹿造型。

### 活动难点

设计并剪出不同姿态的长颈鹿所处的生活场景。

**活动准备**

1. 经验准备：认识长颈鹿，了解长颈鹿的外形特征，能够掌握剪出长颈鹿基本轮廓的方法。

2. 数字化资源准备：视频 4-7-1《长颈鹿的生活》课堂实录片段，音频 4-7-1《森林狂想曲》、音频 4-7-2《森林狂想曲》片段，课件 4-7-1《趣味长颈鹿》。

3. 物质准备：大小不同的彩色卡纸、剪刀、纸杯、碎纸筐（图 4-7-1）。

图 4-7-1

扫码听音频 4-7-1

扫码看课件 4-7-1

**活动过程**

**（一）歌曲引入，激发兴趣**

教师播放音频 4-7-1《森林狂想曲》，利用歌曲创设森林的情境，引导幼儿积极参与活动。

教师出示课件 4-7-1《趣味长颈鹿》中森林的图片，引导幼儿想象。

教师：小长颈鹿们，咱们一起去森林里玩吧！看看你们能做些什么事情。

教师引导幼儿摆出长颈鹿的不同动态造型，请幼儿用语言描述自己在做什么。

幼儿：我是一只正在休息的长颈鹿，我的头都垂了下去（图 4-7-2）。

幼儿：看，我正在吃树上的叶子（图 4-7-3）。

环节目的：通过情境引入，激发幼儿参与活动的兴趣。

数字化支持：利用图片、音频等方式，引导幼儿摆出长颈鹿的不同动态造型。

图 4-7-2　　　　　　　　　　　　图 4-7-3

### （二）观察长颈鹿的外形特征

**1. 观看视频中真实的长颈鹿，引导幼儿观察长颈鹿的外形特征和动作特点。**

教师播放视频 4-7-1《长颈鹿的生活》课堂实录片
段（参看视频 4-7-1），引导幼儿观看。

教师：森林里，其他的长颈鹿也来了。咱们一起看
看，它们在做什么？

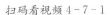

扫码看视频 4-7-1

重点提问：你看到的长颈鹿在做什么？它是什么样子的？你能学一学吗？

幼儿：我看到的长颈鹿正在吃叶子，它的前、后腿都是直立的，头向上
看，正在找叶子吃呢！

环节目的：观察长颈鹿的外形特征，感知其头部、腿部的动作特点。

**2. 观察、对比图片，引导幼儿找到不同点，尝试描述长颈鹿的姿态。**

重点提问：你们看，这两只长颈鹿外形很相似。谁能说一说，它们有什么
不同（图 4-7-4、图 4-7-5)?

图 4-7-4　　　　　　　　　　　　图 4-7-5

幼儿：这两只长颈鹿，一只四条腿是直立的，另一只四条腿是弯着的。

幼儿：这两只长颈鹿，前面的那只长颈鹿在向前看，后面的那只长颈鹿向
侧面看。

小结：原来长颈鹿的脖子可以转动，腿可以直立，也可以弯曲。

**3. 幼儿观察长颈鹿的动作图片并讲述。**

教师：图片中的这两只长颈鹿在干什么呢？它们分别做着什么动作？谁来学一学、说一说？

幼儿：这两只长颈鹿在喝水呢！长颈鹿的头使劲儿向下伸，还是够不到水面，它得把四条腿都向外叉开才行（图4-7-6）。

幼儿：这张图片中的长颈鹿妈妈正在亲吻小长颈鹿呢！

环节目的：引导幼儿仔细观察，了解长颈鹿的动态特征。

数字化支持：细致观察长颈鹿的动作图片，了解其脖子和腿部弯曲的特点。

### （三）用肢体动作模仿长颈鹿，感知长颈鹿腿部的动作变化

教师播放音频4-7-2《森林狂想曲》片段，引导幼儿用肢体动作感知并表现长颈鹿的不同姿态，了解长颈鹿腿部的动作变化。

教师：刚才，我们看到了有站立的长颈鹿，有奔跑的长颈鹿，还有四条腿叉开、低头喝水的长颈鹿。谁能说一说，长颈鹿还有可能在做什么动作？它的腿部动作是什么样子的？

扫码听音频4-7-2

幼儿：我的长颈鹿朋友在草地上教自己的宝宝走路呢！它的脖子向下弯着，低头看着自己的宝宝，一条前腿抬起，另一条前腿直立；一条后腿弯曲、向前迈腿，另一条后腿直立（图4-7-7）。

环节目的：丰富幼儿关于长颈鹿腿部动作的经验，幼儿大胆模仿、想象长颈鹿的相关动作。

图4-7-6

图4-7-7

### （四）幼儿剪出长颈鹿不同的姿态

1. 幼儿能遵守剪纸常规，动手剪出不同姿态的长颈鹿（图4-7-8）。
2. 幼儿大胆用色，将自己设计的场景粘贴在作品纸上（图4-7-9）。

3. 幼儿能用完整的语句介绍自己的作品，如"我的长颈鹿朋友在哪儿、干什么、是什么样子的"。

幼儿：我剪的长颈鹿的脖子是弯下去的，头朝地，四条腿是弯曲的，跪在地上的。它正在睡觉呢！

幼儿：你们看，这只长颈鹿伸着脖子，仰着头，下巴朝上，它准备去吃树上的叶子。

环节目的：幼儿感受剪纸活动带来的快乐，向其他幼儿介绍自己作品中长颈鹿的动态造型。

图 4 - 7 - 8          图 4 - 7 - 9

### （五）分享与交流

教师引导幼儿讲述作品，倾听和观察他人作品中长颈鹿的形象和姿态。

教师：你的长颈鹿在做什么事情？它做了什么动作？请你介绍一下吧！

幼儿：我的长颈鹿正在一棵树下休息。这样，它就不怕太阳晒到自己了，还可以美美地睡上一觉。

幼儿：你们看见这两只长颈鹿了吗？它们相遇后，在聊天，打算一起去森林里做游戏。

**幼儿作品** （图 4 - 7 - 10、图 4 - 7 - 11）

图 4 - 7 - 10          图 4 - 7 - 11

**活动延伸**

1. 几名幼儿共同创编关于长颈鹿的故事，并制作长颈鹿剪纸故事书。

2. 幼儿录制长颈鹿剪纸故事的定格立体画，创设自己的动画片。

3. 在班里举行长颈鹿姿态设计大赛，将教室环境布置成长颈鹿的生活场景，再将幼儿剪纸作品展示在场景中。

**活动反思**

**1. 充分发挥幼儿的想象力。**

本次活动的目的在于开发幼儿的想象力，提高幼儿的创造力。教师依据陈鹤琴的教育理念，为幼儿提供发散思维的空间，引导幼儿大胆创作。在活动中，幼儿通过观看视频，观察并感知长颈鹿的动作特点，在积累相关经验的基础上，大胆想象与创作，利用剪纸的美工技法，表现长颈鹿在不同场景下的动态造型。孩子们在活动中能够充分地想象、尝试与创作，有效地发挥了想象力的作用。

**2. 注重多途径丰富长颈鹿姿态经验。**

活动中，教师通过各个环节丰富幼儿有关长颈鹿的表象经验，让幼儿抓住长颈鹿的特点进行模仿，具体用了以下几种方法：

（1）音乐、舞蹈导入法。活动的导入环节，教师出示森林背景图片，引导幼儿随着森林音乐，模仿长颈鹿的动作，跳着舞蹈，进入教室，引起了幼儿对长颈鹿的探究兴趣。

（2）视频观察法。教师播放长颈鹿生活的纪录片，引导幼儿观看真实的长颈鹿。在此过程中，教师不时地定格画面，让幼儿观察长颈鹿的动作特点，并尝试用自己的肢体动作表现出来，加深了幼儿对长颈鹿动作的了解和把握。

（3）图片对比法。教师出示长颈鹿的图片，引导幼儿对比观察长颈鹿的不同姿势，并找到长颈鹿动作变化的特点。

（4）创编动作法。在幼儿熟悉长颈鹿的肢体动作后，教师引导幼儿想象并创编新的动作，在抓住长颈鹿基本动作特点的同时，能够有效地拓展幼儿创新思维，利用剪纸的创作方法表现个人理解的长颈鹿动作特点。

（5）白板互动法。教师通过白板课件对长颈鹿的颈部、腿部动作进行分解，展示幼儿自己想象的长颈鹿动作，为幼儿提供直观的形象参考，使幼儿更加明确如何表现长颈鹿的动作及其形态特点。

**3. 多重感知，了解长颈鹿的不同姿态。**

整个活动中，各个环节较为连贯、紧凑，带动了幼儿参与活动的积极性，让幼儿敢于大胆想象与创作，充分发散幼儿思维，进行表达与表现。为了充分展现幼儿的创作思路，教师在幼儿已经非常了解长颈鹿动作特点的基础上，不再提供图片的支持，而是为幼儿提供充分想象的空间和机会，引导幼儿自己设想长颈鹿的动作与姿态，并将自己想象的动作表现出来。这样一来，孩子们不再局限于固定的动作与姿态，能够充分地将自己的想法表现出来。教师在发散幼儿思维的同时，也丰富了幼儿的表象经验。之后，教师通过白板互动操作对幼儿的猜想与创新进行了汇总，让孩子们在脑海中对长颈鹿动作的变化方式积累了一定的创作经验。

本次剪纸活动主要以发散幼儿创造性思维为主，引导幼儿大胆想象、表现与创新。每幅作品都体现了幼儿对创作主体——长颈鹿的理解，表达了幼儿的个性与特点。幼儿从中得到的快乐与能力的提高远远高于教师直接灌输给幼儿的那点儿知识与技能。由此可见，为幼儿提供充分的想象和创作空间是很有必要的。

# 活动八　创想画：小老鼠的梦

### 教师：侯　瑶

扫码看视频 4-8-1　　扫码看彩图 4-8-1

**活动目标**

1. 大胆创想老鼠做美梦的情节，感受创作带来的喜悦。
2. 尝试用绘画的方式表现老鼠在梦中的不同姿态。
3. 大胆运用绘画的方式表达自己的想法。

**活动重点**

尝试结合已有经验，大胆创新老鼠梦境中的画面内容和情节。

**活动难点**

通过绘画老鼠不同的姿态来表现不同的画面情节。

**活动准备**

1. 经验准备：通过科学活动"可爱的老鼠"，观察过老鼠的外形及动态特征，了解老鼠基本的生活习性；通过美术活动"动物舞会"，感知各种动物的不同动态，并尝试用绘画的方式进行表现；通过语言接龙游戏"离奇的一天"，感受新奇、有趣的故事情节，并尝试用语言进行讲述；观看动画视频《马丁的早晨》，感受故事情节中的新奇和有趣。

2. 数字化资源准备：视频 4-8-1《小老鼠的梦》（实录课）、视频 4-8-2《小老鼠的梦》（白板课件）。

3. 物质准备：水彩笔、白纸、关节会动的小老鼠图卡（图 4-8-1）。

图 4-8-1

扫码看视频 4-8-2

**活动过程**

**（一）谈话导入**

**1. 谈话导入，唤起对梦境的回忆。**

教师播放视频 4-8-2《小老鼠的梦》（白板课件）（参看视频 4-8-2），引导幼儿观看，唤起幼儿对梦境的回忆。

教师：孩子们，我想问一问，你们以前做过梦吗？你们都做过哪些有意思的梦？谁愿意和大家说一说（图 4-8-2）？

幼儿：我做过一个梦，梦见我在森林里和松鼠、老虎一起玩儿。

教师：你梦见了你和松鼠、老虎一起在森林里做游戏，太有意思了！

幼儿：我梦到我在幼儿园里睡午觉。

教师：原来你做了一个在幼儿园里做梦的梦，你做了一个梦中梦。

幼儿：我梦到了自己在逛超市，买了好多东西。

教师：原来你梦到了去超市买了好多东西。

小结：小朋友们，有的小朋友在梦里和小伙伴玩"捉迷藏"的游戏；有的小朋友梦见和小伙伴们一起聚餐，大家一起吃了一顿丰盛的大餐；有的小朋友梦见去探险，发现了令人惊喜的宝物。你们的梦真是太有意思了！听了你们的梦，我都想做一个和你们一样的美梦了。

**2. 引出老鼠，巩固对老鼠外形的认知。**

教师播放视频 4-8-2《小老鼠的梦》（白板课件），利用白板课件擦除功能出示老鼠的形象，引导幼儿巩固对老鼠外形特征的认知。

教师：今天呀，老师也请来了一位爱做梦的小动物。它每天都会做许多稀奇古怪、新奇有趣的美梦。现在，就让我们一起把它请出来，看看它是什么小动物吧！

教师：谁愿意到前面来把它请出来？谁愿意试一试？

请一名幼儿上前，利用白板课件的擦除功能，擦出小老鼠的形象（图4-8-3）。

教师：你们看，它有圆圆的耳朵、尖尖的嘴巴、细细长长的尾巴。它是谁呢？

幼儿：老鼠！

教师：对啦！这就是我们爱做梦的朋友——美梦鼠。让我们一起来和美梦鼠打个招呼吧！

幼儿：小老鼠，你好！

环节目的：创设游戏情境，导入活动，吸引幼儿的注意力，激发其参与活动的兴趣。

数字化支持：利用希沃白板课件的蒙层功能，将小老鼠的图片隐藏起来，再通过擦除功能的操作逐渐显现出老鼠的外形，巩固幼儿对老鼠外形特征的认知。

图 4-8-2

图 4-8-3

（二）观察与想象

教师出示《小老鼠的梦》图片，引导幼儿大胆想象，感知梦境的神奇和有趣（图 4-8-4、图 4-8-5）。

图 4 - 8 - 4　　　　　　　　　　　　图 4 - 8 - 5

**1. 观看老鼠的动作图片，猜测梦境。**

教师播放视频 4 - 8 - 2《小老鼠的梦》（白板课件），引导幼儿观看，并大胆猜测不同动态的老鼠做了什么梦，了解梦境的神奇和有趣。

教师：其实呀，美梦鼠遇到了一件事情，它想请大班的小朋友们来帮帮它。让我们一起听一听，它到底遇到了什么事情呢？

小老鼠：小朋友们，我昨天做了三个特别有趣的梦。但是梦醒了，我却把做的梦给忘了，只记得梦里我自己做的动作。你们能根据我的动作猜一猜，我在梦里做了什么事情吗？

教师：小朋友们，你们听清楚了吗？它做了梦以后，发生了什么事情（图 4 - 8 - 6、图 4 - 8 - 7)？

图 4 - 8 - 6　　　　　　　　　　　　图 4 - 8 - 7

幼儿：它把自己做的梦给忘了，只记得梦里的动作。

教师：是呀！它请咱们帮它干嘛呀？对，帮它想一下，它做的梦是什么。我们一起来看看，它一共做了三个梦。它做梦时的动作是什么样儿的？在第一个梦里，小老鼠做了什么动作？咱们一起学一学，小老鼠仰着头，正在向上看，它的两只小爪子向上伸着。第二个动作是什么？

幼儿：趴着的。

教师：小老鼠趴着，小爪子向前伸着，小腿在后面蹬。第三个动作是小老鼠站着，挥舞着两只爪子，头向旁边看。现在，请你和你的小伙伴讨论一下，它在三个梦里分别梦到了什么？

幼儿：我觉得在第一个梦里，美梦鼠正在欣赏夜空中的星星。

教师：啊，原来它在欣赏夜空中的星星，想要好多好多的糖果。它头朝上，在喊"天上能不能下好多好多的奶酪啊"！

幼儿：我觉得第二个梦里，美梦鼠在捉老鼠。

教师：你觉得它在匍匐前进，准备捉其他的小老鼠。

幼儿：我觉得第三个梦里这只小老鼠在做操。

教师：你觉得这只小老鼠在做操。我记得刚才还有一个小朋友也说了这个梦境，但是不一样，你也来说一说。

幼儿：我觉得小老鼠胜利了。

教师：你觉得小老鼠胜利了，它挥舞着自己的两只小爪子，在说"我胜利了，我是第一名"。你看，你们两个想的都是这个梦，但是你们两个想的不一样。那让我们一起来听一听，美梦鼠听了你们说的话，它又想说些什么呢？

教师出示老鼠不同的动态，引发幼儿想象（图 4 - 8 - 8、图 4 - 8 - 9）。

图 4 - 8 - 8　　　　　　　　　　　　图 4 - 8 - 9

环节目的：利用美梦鼠三个不同的动作图片，激发幼儿想象，并大胆表达自己的想法。

**2. 回应幼儿猜想，激发创作欲望。**

教师播放视频 4 - 8 - 2《小老鼠的梦》（白板课件），回应幼儿猜想，激发幼儿的创作欲望。

教师：小朋友们的猜想都很有意思！究竟美梦鼠做了什么美梦呢？这里有一台梦境记录仪，只要点一下按钮，就能看到小老鼠的梦境！让我们一起来看一看，美梦鼠做的梦和你们说的一样不一样呢？

教师：美梦鼠的美梦是不是新奇又有趣？但是，我觉得你们说的梦境也特别有意思！我听了，也想做一个你们说的美梦了。让我们一起听一听，美梦鼠想对我们说些什么吧！

小结：听了小朋友们的猜想，我有了一个小小的发现，原来同样的动作可以做这么多不一样的美梦啊！这些美梦真是离奇又有趣呀！

数字化支持：出示老鼠不同动态的图片，当幼儿猜测不同的梦境时，点击梦境按钮，给予幼儿支持。

**3. 出示关节会动的老鼠卡片，讲述梦境。**

教师出示关节会动的小老鼠图卡，引导幼儿讲述老鼠的梦境，支持幼儿构思故事情节（图 4 - 8 - 10、图 4 - 8 - 11）。

教师：其实，小老鼠还有很多朋友，它们也想做这么好玩、有趣的美梦！你们能帮它们想一想吗？看，它又想让我们帮忙了，它想让咱们帮什么忙？

幼儿：它的好朋友也想做美梦。

教师：小老鼠想让它的好朋友也做有趣的美梦。那现在，它的好朋友就在小筐里，咱们一起把它们请出来吧！

图 4 - 8 - 10                                  图 4 - 8 - 11

教师：小朋友们可以邀请一只小老鼠朋友和你一起讲述它的美梦。请你摆动它的四肢，帮它摆一个美梦中的动作，再跟你的小伙伴讲一讲你给它编了一个什么美梦吧！

重点提问：请你说一说，在梦里，小老鼠在什么地方？遇到了谁？发生了什么有趣的事情？

幼儿：我觉得小老鼠会梦到大恐龙。它探险的时候，遇到了大恐龙。然后，它就和大恐龙一起到森林里去探险。它们遇到了好多特别好玩的事情。开始的时候，小老鼠特别害怕大恐龙。可是，大恐龙并没有伤害它。慢慢的，它就不害怕大恐龙了。它们成了好朋友。

幼儿：我的小老鼠梦到了它去太空玩了。它乘坐着大火箭，到了太空，发现了好多不一样的星球。它还在太空中飘呀飘！

幼儿：我的小老鼠去海里探险了。它在海里遇见了鼠美人鱼，发现了海底的宝藏，还看到了好多小鱼。它们一起在海里玩，一起做游戏，特别开心！

幼儿：我的小老鼠它特别想成为一只小鸟，然后，它就变成了老鼠鸟。它站在树上，喂其他的老鼠鸟宝宝，特别可爱！

小结：老鼠的梦境可真有趣！它们有的去了太空，有的去了海里，还有的变身小鸟，飞到了树上。你们说的梦境真是太有意思了（图4-8-12、图4-8-13）！

图4-8-12　　　　　　　　　　　图4-8-13

环节目的：教师引导幼儿通过观察与讨论，关注不同的梦境，想象不同的情节，为后面绘画小老鼠的美梦打基础。

数字化支持：教师通过播放音乐，营造欢乐的创作氛围，鼓励幼儿大胆讲述自己的想法。

### （三）幼儿创作，教师指导

**1. 教师创设情境，提出绘画要求。**

教师：小朋友们说的梦境可真有意思！请你们帮小老鼠把这些梦境都画下来，留作纪念吧！

**2. 幼儿自主创作，教师巡回指导。**

幼儿安静地创作（图4-8-14、图4-8-15）。

图4-8-14　　　　　　　　　　　图4-8-15

对于画出来的老鼠动态形象比较单一的幼儿，教师可以用语言、动作引导，也可以通过摆弄关节能动的老鼠图卡的动作来提示幼儿。对于画出来的梦境情节不够丰富的幼儿，教师可以在课件中出示不同的场景，为幼儿想象情节提供支持。对于能力较强的幼儿，教师可以提供合作绘画的纸张，让幼儿尝试与同伴协商，分工绘画有关梦境主题的内容（图4-8-16、图4-8-17）。

图4-8-16

图4-8-17

### （四）作品分享与讲评

教师引导幼儿与同伴交流《小老鼠的梦》的绘画情节。

教师：小老鼠的梦画好了！请你快和小伙伴们讲一讲小老鼠的梦境吧！

幼儿：我画的是小老鼠和它的好朋友在一起玩儿（图4-8-18）。

教师：你们看，他画的是小老鼠在和它的好朋友一起玩。它们在玩什么呢？

幼儿：小老鼠在玩呼啦圈和溜溜球。

教师：小老鼠玩得可真开心呀！谢谢你！还有谁想来讲一讲你画的梦境？

幼儿：我画的是小老鼠在玩过山车。

教师：让我们一起看一看，这幅画哪里有趣？小老鼠的表情是什么样子的？

幼儿：它张大了嘴巴，很吃惊。

教师：小老鼠张大了嘴巴，很吃惊地说"哇，好刺激呀"！你给小老鼠画的表情真是活灵活现！你真棒！

幼儿：我的小老鼠做的梦是它去森林里探险，和恐龙打了个招呼（图4-8-19）。

教师：小老鼠的梦也太刺激了！小老鼠打着火把，向前走呀走，它碰到了谁？

幼儿：大恐龙。

教师：它的梦境真是又惊险，又刺激，很有意思哦！

教师：小朋友们画的梦境都很有意思！一会儿，我们把这些画订在一起，变成一本书，放到咱们班的阅读区，可以供小朋友们阅读。你们觉得这本书应该叫什么名字呢？

幼儿：小老鼠的梦。

教师：好的，那么，我们就把这本书的名字叫做"小老鼠的梦"。

图 4 - 8 - 18

图 4 - 8 - 19

**幼儿作品**（图 4 - 8 - 20～图 4 - 8 - 23）

图 4 - 8 - 20

图 4 - 8 - 21

图 4 - 8 - 22

图 4 - 8 - 23

**活动延伸**

1. 鼓励幼儿与同伴一起自制故事书《小老鼠的梦》。
2. 与同伴共同讲述故事《有趣的梦境》。

**活动反思**

**1. 活动来源。**

目标是活动的起点与归宿，它的科学性十分重要。在本次活动前，教师发现孩子们看过《舒克和贝塔》《猫和老鼠》《老鼠娶亲》等动画片，他们对老鼠这一角色十分喜爱。梦境本身充满神秘的色彩，幼儿喜欢回味各种各样的梦境，体验有趣的梦境带来的快乐。这些存在于生活中的有趣梦境，正是鲜活的教育资源。幼儿园应加强课程内容与幼儿生活的联系，关注幼儿的学习兴趣。因此，教师设计了本次活动。

**2. 幼儿绘画活动行为分析。**

本次活动通过幼儿回忆自己的梦境，探索和思考运用美术绘画的方法来表现有趣而离奇的梦境。教师自然而然地引导幼儿从自己的梦境联想到老鼠的梦境，在回忆、欣赏、想象中对梦境产生兴趣，理解梦境的有趣并愿意表达，从本次活动最后的幼儿画作也可以看到这样的效果。孩子们以"老鼠的梦"为主线贯穿整个活动，以"有趣、离奇"作为发散性思维的重点。幼儿创意绘画的梦境来源于生活，又运用于生活，这是本次活动的目的和意义。在活动中，幼儿积极思考，解决活动过程中遇到的问题。幼儿在绘画过程中出现的一些小插曲，也引发了教师的思考。

（1）幼儿刚开始操作，教师就发现有两名幼儿本来是合作绘画，却各自绘画自己的主题。教师就问他们："你觉得小老鼠梦到了什么？"他们两个告诉了教师两个版本。教师观察了两名幼儿的绘画情况，发现他们绘画的情节差距较大，但是两名幼儿又很想和同伴合作绘画。于是，教师先让两名幼儿协商，看看能不能变成一个梦境。但是，他们协商之后，并没有达成共识。因此，教师提议："你的小老鼠要去他的机器人那边，会发生什么事情呢？"两个人听后，开始商量后续的故事情节。

（2）运用绘画老鼠的不同姿态来表现不同的画面情节是本次活动的重点，也是本次活动的难点。幼儿作品在离奇而有趣的情节、老鼠的不同姿态等方面体现了多种创意。

第一种，幼儿让老鼠变成了鸟妈妈，他自己和同伴变成了小鸟，让老鼠妈妈喂自己，表现出来的情节颇有新意。

第二种，小老鼠和幼儿都变成了小美人鱼，一起在海底探险。海盗船长打开了潜水镜，和他们一起寻找海底的宝藏。

第三种，小老鼠和幼儿玩"捉迷藏"的游戏。小老鼠变成了一棵老鼠树，幼儿找了半天，都找不到。

以上绘画作品都是将老鼠变成了其他动物或者想象中的人物，但是还保留了老鼠的外形特征，这种创作方法得到了大家的认可，同伴们纷纷效仿。可见，这些幼儿的创作能力是很强的。教师从幼儿的绘画作品中，看到了很多成人都没有想到的有趣、离奇梦境。幼儿通过白板课件欣赏老鼠梦境的图片，能够结合有趣和离奇的梦境，准确而完整地说出自己的想法。幼儿对于自己想法的表达、对于课件内容的理解都很到位。幼儿结合自己的生活经验，运用绘画的方式进行想象与创作，实现了本次活动的目标。

# 活动九　折纸："东西南北"动物造型

教师：宋　庄

### 活动目标

1. 能够大胆想象，利用"东西南北"折纸作品塑造有趣的动物造型。

扫码看彩图 4-9-1

2. 感知"东西南北"折纸作品形式的多变性，尝试变换不同方向进行创作。

3. 愿意用手工创作的形式表达对小动物的喜爱之情，喜欢参与美工创意制作活动。

### 活动重点

感知折纸作品形式的多变性，敢于大胆想象并制作。

### 活动难点

能够将"东西南北"折纸作品改变方向，大胆想象，将其制作成动物手偶。

### 活动准备

1. 经验准备：会折"东西南北"折纸作品；了解常见动物的外形特征。

2. 数字化资源准备：课件 4-9-1《"东西南北"动物造型》。

3. 物质准备："东西南北"折纸作品每人一个、胶棒、黑色起稿笔、剪刀（图 4-9-1），不同大小的卡纸若干、收纳筐（图 4-9-2），手偶形象。

图 4 - 9 - 1　　　　　　　　　　　图 4 - 9 - 2

## （一）手偶表演引入

**1. 手偶表演，激发幼儿兴趣。**

教师拿着用"东西南北"折纸作品制作的动物造型（图 4 - 9 - 3、图 4 - 9 - 4），自编故事进行表演，吸引幼儿的注意力，激发幼儿参与活动的兴趣。

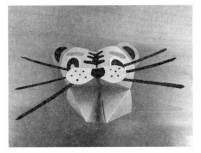

图 4 - 9 - 3　　　　　　　　　　　图 4 - 9 - 4

**2. 感知"东西南北"折纸作品的多变性。**

鼓励幼儿观察范例作品，感知"东西南北"折纸作品的多种玩法，引导幼儿观察不同动物的特点，尝试随意进行张合变化。

重点提问：你们看出来这是什么动物了吗？它们是怎么变的？

幼儿：这些动物是用"东西南北"折纸变的。在折纸的上面加了动物的一些特征，变成了可爱的小动物。

教师：这两个"东西南北"折纸有什么不一样？

幼儿：一个是把折纸作品变成了小动物的嘴巴，另一个是把折纸作品变成了小动物的身体。

小结：我们可以在"东西南北"折纸作品的基础上，添加动物头部或身体的相应部位，把它变成可爱的动物。

环节目的：激发幼儿参与活动的兴趣，通过观察范例作品直接感知"东西南北"折纸作品可以变成动物的头部或身体。

### （二）感知"东西南北"折纸游戏方向的变化

**1. 玩一玩，感知"东西南北"折纸游戏方向的变化。**

教师鼓励幼儿拿起"东西南北"折纸作品玩一玩，通过动手操作和与同伴交流，感知"东西南北"折纸游戏方向的变化。

重点提问："东西南北"折纸作品能变换几种不同的方向？快和你旁边的小朋友一起来试一试、玩一玩（图4-9-5、图4-9-6）。

教师：小朋友们，谁来说一说，你找到了几种不同的方向？

幼儿：有很多种，一是可以四角向前，竖着打开；二是可以四角向前，横着打开；三是可以四角向前，四个角全部打开；四是可以四角向下；五是可以四角向上；六是可以四角集中在一起。

环节目的：幼儿通过动手操作和与同伴交流，发现"东西南北"折纸游戏可以变换不同的方向打开或闭合。

图4-9-5　　　　　　　　　　　　图4-9-6

**2. 感知"东西南北"折纸游戏的多种变化。**

教师出示课件4-9-1《"东西南北"动物造型》，引导幼儿发现"东西南北"折纸游戏的多种变化。

扫码看课件4-9-1

教师：刚才，小朋友们在玩"东西南北"折纸游戏的时候，发现了它有很多方向变化，让我们一起来看一看吧（图4-9-7～图4-9-10）！

小结："东西南北"折纸游戏真有意思！可以通过打开或闭合的动作产生很多变化，还可以让折纸作品变换不同的方向，也会有很多变化，真神奇！

环节目的：在制作"东西南北"动物造型之前，帮助幼儿总结"东西南北"折纸游戏的玩法及多种变化方法。

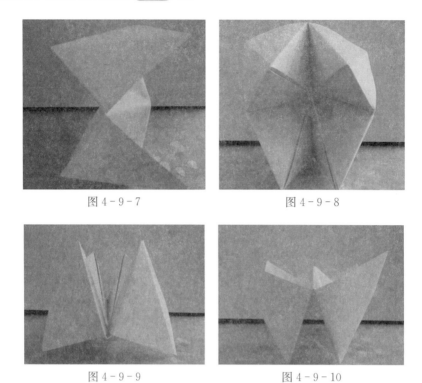

图 4-9-7                      图 4-9-8

图 4-9-9                      图 4-9-10

### （三）想象"东西南北"折纸作品变换不同的动物造型

教师鼓励幼儿尝试操作"东西南北"折纸作品，通过变换不同的方向，大胆想象，将其变成不同的动物造型。

重点提问："东西南北"折纸作品变换不同的方向后，分别可以变成什么动物？怎么变？

幼儿：可以变成大象。在"东西南北"折纸作品的中间粘上大象的鼻子，两边粘上大象的大耳朵和眼睛，大象就变出来啦！

幼儿：可以变成大狮子。把"东西南北"折纸作品变成竖着打开的，上面的两个角粘在一起，下面的两个角粘在一起，变成大狮子的嘴巴，嘴巴里面还要粘上锋利的牙齿。再给它粘上一圈鬃毛，它就变成了一只雄狮。

教师："东西南北"折纸作品还可以做成其他造型的大狮子吗？谁有好的想法，可以说一说？

幼儿："东西南北"折纸作品可以四个角向下，当做大狮子的身体，再加上大狮子的头。这样，大狮子的身体就可以向前行走了。

小结：原来"东西南北"折纸作品只要变换打开或闭合的方向，四个角就可以巧妙地变成动物的不同部位，并且同一种动物还有不同的制作方法。看来只要改变"东西南北"折纸作品的形态，就可以把它变成不同的动物。

环节目的：个别幼儿分享，引导幼儿发现"东西南北"折纸作品的可变性，引发幼儿思考"同一种动物可以通过改变'东西南北'折纸作品的方向制作成不同的造型"，幼儿与幼儿之间积极地互动，交流想法，激发新的创意。

数字化支持：在幼儿讨论过程中，教师应及时帮助幼儿归纳、总结，丰富幼儿创作经验。请个别幼儿在希沃白板课件的"东西南北"折纸作品上添画并介绍自己的创意。

### （四）幼儿动手制作

**1. 小组讨论，拓宽制作思路。**

教师：请你和旁边的小朋友讨论一下，你想将"东西南北"折纸作品变成什么动物？怎么变？

幼儿：我想让"东西南北"折纸作品变成一条小蛇。"东西南北"折纸作品当做蛇的头，可以从里面吐出长长的红信子，然后可以在"东西南北"折纸作品后面粘上蛇长长的身体。

教师：你做的是一条什么蛇？它有什么特征吗？

幼儿：我想做一条眼镜蛇，它的头两边分别有一个肉翼。

环节目的：通过师幼互动和小组讨论，引导幼儿确定自己的创意，想好制作方法。

**2. 教师巡回指导，关注幼儿个体差异。**

在幼儿动手制作的过程中，教师巡回观察与指导，全面关注幼儿制作的情况（图4-9-11、图4-9-12）。

环节目的：教师关注每个幼儿的制作情况，有策略地进行个别指导，并及时帮助幼儿丰富美工制作的经验。

图4-9-11

图4-9-12

### （五）展示与分享

教师出示课件4-9-1《"东西南北"动物造型》背景图片，鼓励幼儿在背景图片前展示与交流自己制作好的"东西南北"动物造型。

　　教师：谁想跟大家分享一下你的作品？请你介绍一下，你是怎么制作的？

　　幼儿：我制作的是一只可爱的小兔子。它长着三瓣嘴，正在啃胡萝卜。

　　幼儿：我制作的是一只大螃蟹。它长着一对大大的钳子，可以横着走。

　　教师：这两个小朋友做得特别仔细！他们都能抓住小动物的主要外形特征进行制作。

　　幼儿：我制作的是一只大青蛙。它还是一只戴着王冠的青蛙王子。

　　幼儿：我制作的是一条小鱼。它是一条小飞鱼，它的身体两侧长着像翅膀一样的鱼鳍，因此它是小飞鱼。

　　教师：这两个小朋友加入了自己的想象，给动物造型赋予了不同的角色和特殊的本领。你们真棒！

　　环节目的：鼓励幼儿根据自己制作的动物造型，选择多媒体不同的场景图片（图4-9-13、图4-9-14），与同伴交流，讲述作品创意和制作方法。

　　数字化支持：教师提前准备不同的场景图片。幼儿制作完成后，可以拿着"东西南北"动物造型在不同的场景图片前讲述，与同伴交流。

图4-9-13　　　　　　　　　　　　　　　图4-9-14

**幼儿作品**（图4-9-15、图4-9-16）

 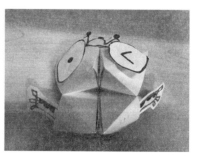

图4-9-15　　　　　　　　　　　　　　　图4-9-16

**活动延伸**

1. 幼儿可以根据图书区讲述的故事内容，自己动手制作"东西南北"折纸造型，如动物、人物等，然后边表演边讲述。

2. 在美工区，幼儿继续大胆想象，结合"东西南北"折纸作品的特点，进行趣味手工制作。

**活动反思**

本次活动是幼儿在学习折纸的时候引发的一次手工制作活动。幼儿折完"东西南北"折纸后，对它的四个角的变化非常感兴趣，一直摆弄来、摆弄去的。因此，教师想到让幼儿对"东西南北"折纸作品大胆想象，利用其制作不同的"东西南北"动物造型。

**1. 引入部分，教师进行手偶表演，吸引幼儿的注意力。**

在活动导入环节，教师出示了"东西南北"折纸动物造型的成品。幼儿一看到"东西南北"折纸作品能够变成手头玩具，就目不转睛地盯着折纸动物造型。教师能感觉到幼儿很想玩一玩。然后，教师请幼儿玩一玩"东西南北"折纸游戏，看看能变出几种不同的开合方向，最终梳理、总结了五种方向。紧接着，教师引导幼儿大胆想象"东西南北"折纸作品变换不同的方向后，分别可以当做动物的什么部位。这一环节，教师请幼儿进行讨论。幼儿通过大胆地交流，有了用"东西南北"折纸作品当做动物的大嘴巴、身体、四条腿等很多新奇的想法。教师将个别幼儿的不同想法分享给全班幼儿，让幼儿在白板课件中给"东西南北"折纸作品不同方向的图片添画各种动物形象，通过这种方式鼓励幼儿有不同的想法可以借助多媒体大胆地表现出来。

**2. 介绍材料后，幼儿大胆想象并制作。**

活动过程中，孩子们大胆想象，充分发散创意和思维。他们有的用"东西南北"折纸作品当做动物的身体，有的用"东西南北"折纸作品当做动物的头，有的用"东西南北"折纸作品当做动物的四肢等。在此过程中，教师帮助幼儿丰富创作经验，同组幼儿都用"东西南北"折纸作品制作小兔子，并且制作了小兔子的不同部位（如头部、身体等），然后添加其他部位的卡纸，将小兔子制作得栩栩如生，特别可爱！

**3. 为幼儿提供分享与展示的平台。**

幼儿制作完成后，教师利用多媒体为幼儿准备了展示用的场景图片，让幼儿及时展现自己的作品，在一体机前面讲述自己的创作思路和心得，增强幼儿的自信心和表现欲。还有的幼儿制作了水里的小动物，他们主动来到班级自然角的小鱼缸前面进行表演、讲述。

孩子们在本次活动中大胆地想象，大胆地制作，大胆地讲述自己的作品，大胆地进行表演，获得了多方面的发展。

# 活动十　线条画：蜘蛛织网

教师：史可欣

**活动目标**

1. 认识直线、波浪线、螺旋线、折线等线条，感受从不同的角度观察线条带来的不同视觉效果。

扫码看彩图 4－10－1

2. 尝试创造性地组合多种线条，画出丰富多样的装饰图案。

3. 体验线条组合变化带来的乐趣和成功创作的喜悦。

**活动重点**

认识直线、波浪线、螺旋线、折线等线条，感受从不同的角度观察线条带来的不同视觉效果。

**活动难点**

尝试创造性地组合多种线条，画出丰富多样的装饰图案。

**活动准备**

1. 经验准备：幼儿已掌握几种线描画的基本表现手法；会画简单的人物；在绘画中，能运用简单的比例关系。

2. 数字化资源准备：视频 4－10－1《蜘蛛织网》（白板课件）、视频 4－10－2《蜘蛛的家》（动画片）。

3. 物质准备：绘画纸、水彩笔。

**活动过程**

扫码看视频 4－10－1

**（一）激发兴趣，认识各种线条**

教师引导幼儿观看视频 4－10－1《蜘蛛织网》（白板课件）（参看视频 4－10－1），激发幼儿认识线条的兴趣。

教师：小朋友们，你们知道哪些线条呢？

幼儿：我知道直线。

幼儿：我知道曲线。

**1. 出示小蜘蛛吐丝的图片，引导幼儿认识线条。**

教师：小蜘蛛吐出了一根什么样儿的丝（图4-10-1）?

教师：小蜘蛛除了会吐出直线的丝，还会吐出什么样儿的丝呢？

小结：原来线条可以变成这么多的样子，有直线、曲线、波浪线、锯齿线、螺旋线……

环节目的：认识各种线条，以波浪线为重点，引导幼儿进行多角度观察。

**2. 引导幼儿了解直线、波浪线的特点。**

教师：这是什么线条？它像什么？

幼儿：这是波浪线（图4-10-2）。

教师：波浪线变化了大小、方向之后，还是波浪线吗？它又像什么？

幼儿：是波浪线，它变得像弹簧。

环节目的：通过出示小蜘蛛吐丝的图片，吸引幼儿的注意力，让他们对线条的组合与变化产生好奇心和探索欲望。同时，通过观察蜘蛛织网的视频或图片，让幼儿直观地了解线条组合的奇妙效果，为后续的创作活动打下基础。

数字化支持：引导幼儿观看蜘蛛吐丝的图片，激发幼儿创作的兴趣，让幼儿直观地认识各种线条，了解其特点。

图4-10-1

图4-10-2

### （二）欣赏并学习线条的组合与变化

教师播放视频4-10-2《蜘蛛的家》（动画片）（参看视频4-10-2），引导幼儿观看、欣赏，了解线条的组合与变化。

**1. 欣赏线描画：小蜘蛛的蜘蛛网。**

教师：小蜘蛛看到小朋友们画了这么多线条，可喜欢啦！它要把你们画的线条都织进它的蜘蛛网里，然后和小朋友们玩"捉迷藏"的游戏。一会儿，请小朋友们在它的

扫码看视频4-10-2

网里找一找，你们刚才画的线条都藏在蝴蝶网的什么地方了？

幼儿：我看到我画的直线藏在了这里。

幼儿：我画的波浪线藏在了这里。

**2. 感受线条组合与变化的奇妙效果。**

教师：这些线条和刚才小朋友们画的线条有什么不同呢？

幼儿：线条的数量变多了。

幼儿：好多根线条，它们又变成了新的花纹。

小结：原来一根线条很单调，很普通。但是，把许多根同样的线条组合起来，变化一下，奇迹就出现了——许多的线条构成了美丽的花纹，真漂亮！

教师：这里的花纹是用几种线条组成的？分别是什么线条？

幼儿：这个花纹用了两种线条，有直线和曲线。

小结：原来两种线条也可以组成各种各样的花纹呀！

**3. 幼儿尝试运用螺旋线与其他线条组合，变化出多样的图案。**

幼儿尝试用螺旋线和其他线条自由组合，变化出丰富多样的图案。师幼共同欣赏。

教师：你会用螺旋线和其他线条自由组合、变化吗（图 4 - 10 - 3）？

幼儿：会。

小结：原来螺旋线和其他线条组合，因为线条画的位置不同、长短不同，所以组合出来的花纹也不一样呀！

图 4 - 10 - 3

环节目的：通过观察蜘蛛织网的过程，让幼儿认识直线、波浪线、螺旋线等线条，了解其特点和变化的花纹，培养他们的观察力和辨识能力。同时，通过提问和讨论，让幼儿了解线条组合的规律，欣赏其美感。

数字化支持：通过白板课件的视频播放与线条组合的花纹图片展示，引导幼儿认识各种线条，了解其特点和变化的花纹。

**（三）合作装饰蜘蛛网**

教师引导幼儿尝试合作绘画蜘蛛网并加以装饰。

教师：这只爱漂亮的小蜘蛛会用各种线条织出美丽的花纹，用来装饰它的蜘蛛网。这件事情在蜘蛛王国传开了，大家纷纷来求这只小蜘蛛帮它们织网。小蜘蛛都忙不过来了，它太累了！小朋友们，你们愿意帮帮它吗？

幼儿：我们愿意帮助它。

教师：我们来比一比，看看哪位小朋友帮小蜘蛛织网时，线条变化最丰富、最漂亮。

幼儿进行绘画创作（图 4 - 10 - 4、图 4 - 10 - 5）。

环节目的：提供各种线条画图片和创作工具，让幼儿充分发挥想象力，创造性地组合多种线条，变化出丰富多样的装饰图案，培养他们的想象力和创造力。同时，通过引导和启发，鼓励幼儿尝试各种线条不同的组合方法。

图 4 - 10 - 4　　　　　　　　　　　图 4 - 10 - 5

### （四）分享与评价

教师通过提问的方式引导幼儿观察并欣赏作品。

教师：谁来说一说？你的蜘蛛网是用什么线条织成的？

幼儿：我的蜘蛛网是用波浪线、直线、曲线织成的。

教师：如果你是蜘蛛王国的小蜘蛛，你最喜欢哪张蜘蛛网？为什么？它又用了哪些线条呢？

幼儿：我最喜欢变成房子的蜘蛛网，非常漂亮！它用了波浪线、直线、曲线。

环节目的：幼儿展示作品，欣赏彼此的作品，交流创作心得，提高语言表达能力和审美能力。

**幼儿作品**（图 4 - 10 - 6～图 4 - 10 - 9）

图 4 - 10 - 6　　　　　　　　　　　图 4 - 10 - 7

图 4 - 10 - 8

图 4 - 10 - 9

### 活动延伸

1. 引导幼儿自己动手制作蜘蛛网模型，观察蜘蛛网的形状和结构，了解蜘蛛网的特性和功能。

2. 引导幼儿分组讨论蜘蛛网的特点和作用，探讨蜘蛛网在自然界中的意义和价值。

3. 设计有关蜘蛛织网的趣味问答游戏，让幼儿积极参与并回答问题。

4. 鼓励幼儿创作有关蜘蛛织网的绘画、手工艺品等作品。

5. 向幼儿推荐有关蜘蛛织网的书籍，引导他们通过阅读拓宽自己的知识面，了解更多蜘蛛织网的秘密。

### 活动反思

**1. 设计本次活动的目的。**

教师设计"蜘蛛织网"这一美术活动的初衷是想让幼儿通过观察蜘蛛织网的过程，认识不同的线条，并尝试创造性地组合这些线条，变化出丰富多样的装饰图案，引导幼儿感受线条组合与变化的乐趣，培养他们的观察力、想象力和创造力。

**2. 认识各种线条。**

在活动实施过程中，教师发现幼儿对于小蜘蛛的形象非常感兴趣，他们积极地参与到认识各种线条的活动中。在认识线条时，教师着重强调了直线、波浪线、螺旋线、折线等线条的特点，引导幼儿通过多角度观察，对这些线条有了更深入的理解。例如，当提问"波浪线变化了大小、方向，还是波浪线吗？它又像什么"时，幼儿充分发挥想象力，给出了各种各样的答案。

在欣赏线描画的环节中，教师引导幼儿观察小蜘蛛织出来的蜘蛛网，让他们寻找自己之前画的线条分别藏在蜘蛛网的什么地方。这一环节不仅锻炼了幼儿的观察能力，也让他们体验到了线条组合、变化的奇妙效果。许多幼儿表示，一根线条很单调，但是组合起来，就能构成美丽的花纹和图案。

**3. 尝试利用线条自由组合。**

在幼儿尝试运用两种线条组合、变化的环节中，教师发现幼儿能积极尝试，对不同线条的变化产生了浓厚的兴趣。他们用螺旋线和其他线条自由组合，变化出了丰富多样的图案。这一环节充分体现了幼儿的创造力和动手能力。

最后，在合作装饰蜘蛛网的环节中，幼儿体现了积极的合作态度。他们互相配合，运用所学知识，共同画出了美丽的花纹，装饰了蜘蛛网。这不仅提高了他们的美术技能，也培养了他们的团队合作精神。

本次活动虽然取得了较好的效果，但也存在一些不足。首先，在认识线条的环节中，部分幼儿注意力不够集中，需要教师在今后的教学中加强环节设计的游戏性和趣味性，以及幼儿的常规培养。其次，在引导幼儿观察线条组合、变化的环节中，部分幼儿没有充分发挥想象力。教师应在今后的活动中，提问环节设计更加注重启发性、引导性和开放性。最后，在合作装饰蜘蛛网的环节中，部分幼儿参与度不高，需要教师在今后的活动中注重培养他们的团队合作意识。

# 活动十一　创想画：小人国奇遇记

### 教师：李　贤

扫码看视频 4-11-1　　　扫码看彩图 4-11-1

**活动目标**

1. 学习运用不同事物大与小的强烈对比及突出局部的绘画方法，表现巨人来到小人国的不同场景。

2. 能够大胆想象，通过绘画的方式表现自己在小人国发生的有趣故事。

3. 体验创作《小人国奇遇记》创想画的快乐。

**活动重点**

运用不同事物大与小的强烈对比及突出局部的绘画方法，表现巨人来到小人国的不同场景。

**活动难点**

能够大胆想象自己在小人国发生的有趣故事并通过巨人与小人不同的动作进行表现。

活动准备

1. 经验准备：学习过几种线描画的基本表现方法，会画简单的人物；绘画中，能运用物体之间的比例关系表现不同物体形的大小、宽窄、高低等的关系；玩过光影游戏"大巨人与小矮人"。

2. 数字化资源准备：视频 4－11－1《小人国奇遇记》（实录课）、视频 4－11－2《疯狂动物城》（动画片节选），音频 4－11－1《大巨人与小矮人》（游戏音乐），课件 4－11－1《小人国奇遇记》。

3. 物质准备：绘画纸人手一张、合作绘画大纸两人一张（自选）、水彩笔两人一盒（图 4－11－1），强光手电筒（图 4－11－2），胡萝卜造型玩具，黑暗的教室环境（拉上窗帘），大面积的背景墙。

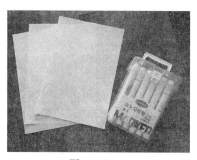

图 4－11－1

图 4－11－2

活动过程

（一）回忆故事情节，引出活动主题

教师出示课件 4－11－1《小人国奇遇记》中的故事图片，引导幼儿观察画面内容、构图及景物比例关系（图 4－11－3、图 4－11－4）。

扫码看课件 4－11－1

图 4－11－3

图 4－11－4

重点提问：你在小人国的世界里看到了什么神奇的事情？它是怎么呈现的？

教师：小朋友们还记得咱们之前一起看过的故事《小人国历险记》吗？故事的主人公格列佛是一个大巨人，他来到了小人国。在那里，发生了什么有意思的事情？

幼儿：小人国的国王想要检验几个人忠不忠心，就让他们走钢丝。格列佛怕他们掉下来，就想了一个好办法，在钢丝下面放了一张网，走钢丝的小人就算掉下来，也不会掉进大海里。

教师：这个小朋友讲得非常清楚，特别棒！格列佛来到小人国，发生了很多有趣的事情。咱们一起来看一看这幅图，格列佛来到小人国后，小人国的人们特别害怕他这个大巨人，他们是怎么做的？

幼儿：他们把躺在大木板上的格列佛绑了起来。

教师：在这幅图中，为什么格列佛看上去像一个巨人呢？你们看到什么了？

幼儿：大街上的人都很小，格列佛很大。那些小人跟我的手指一样大。

教师：嗯，小朋友们观察得真仔细！我们可以把格列佛和小人进行对比，格列佛就像一个大巨人。那我们再来看看下一幅图片，你们又看到了什么？

幼儿：我看到格列佛比城堡还要高。

教师：格列佛比城堡还要高，他变成了一个大巨人。格列佛和身边的房子、大树比起来，格列佛很大、很高。在这幅图里，格列佛在做什么呢？

幼儿：格列佛的手里握着两个小人。他们在一起看风景。

教师：格列佛为了让小人们看到远处的风景，他用大手把小人抓起来，举得高高的，这样就能让他们看到远处的风景了。

小结：在小人国的人物、事物和景物的对比下，格列佛显得很高、很大，变成了大巨人。

环节目的：出示故事图片，引导幼儿回忆故事情节，观察故事图片中人物、事物、景物，进行大与小的对比。

数字化支持：教师通过出示故事图片，让幼儿了解不同事物大与小的对比关系。

### （二）观察与发现，学习绘画方法

**1. 幼儿变身大巨人，通过与参照物的对比，学习绘画方法。**

出示课件 4-11-1《小人国奇遇记》中个别幼儿和周围事物的对比图片，引导幼儿观察并发现使自己变成大巨人的方法（图 4-11-5、图 4-11-6）。

图 4 - 11 - 5 　　　　　　　　　图 4 - 11 - 6

重点提问：这两幅图片中的人和事物相比，哪个大、哪个小？你是怎么看出来的？

教师：在第一幅图片中，佳佳和汽车相比，你觉得哪个大？

幼儿：佳佳更大。

教师：现实生活中的汽车和佳佳相比，哪个更大呢？

幼儿：汽车大。

教师：小朋友们说得都很对，从图片中可以看出佳佳大，而现实生活中，佳佳和真实的汽车相比，汽车大。那我们再来看一下这张图片，佳佳和汽车相比，哪个更大呢？为什么？

幼儿：佳佳更大，因为小汽车在她的胳膊上行驶呢！

教师：说得对！佳佳和小汽车相比，佳佳更大。那后面的楼房和佳佳对比是怎样的？

幼儿：房子比她都小。

教师：因此，在这幅图中，佳佳就变成了大巨人。我们再来看看第二幅图片，图里还有谁呢？现在看来，你觉得谁大、谁小？

幼儿：小洁又变成了大巨人了。

幼儿：小洁的手特别大！她能把佳佳和小汽车托起来呢！因此，小洁显得特别大，像个大巨人。

**2. 对比观察，学习突出局部的构图方法。**

出示课件 4 - 11 - 1《小人国奇遇记》中幼儿局部的大图，引导幼儿对比整体人物，发现突出局部的构图方法（图 4 - 11 - 7、图 4 - 11 - 8）。

教师：我们再来看一下第三幅图片。现在看来，你觉得谁更大呢？

幼儿：小智大！

教师：你为什么觉得小智是大巨人呢？你从哪儿看出来的？

幼儿：我看到他比小洁还要大。

教师：他的什么比小洁还要大呢？

幼儿：他的小腿比小洁还要大。

图 4 - 11 - 7 　　　　　　　　　　　　图 4 - 11 - 8

教师：那小智和小洁比起来，谁是大巨人呢？

幼儿：小智。

小结：大小是通过相互比较，才能体现出来。比较大小，需要有参照物。当我们突出局部——两个事物，把小智的下半身变大，把房子变小，踩在小智的脚下，人物小智就显得更大了。因此，要想表现小人国中的小人形象及周围的场景，就要突出表现大巨人的局部才行。把我们生活中的各种事物放在小人国里，都会呈现出有趣的场景。

环节目的：通过出示个别幼儿和事物对比的图片，引导幼儿观察和发现事物只有通过相互比较，才能体现大与小的对比效果，通过突出一种事物的局部，能将周围其他的事物表现得更大，让幼儿学会对比大小、突出局部的构图方法。

数字化支持：通过几名幼儿形象的大与小的对比，创设小人国的场景，激发幼儿探究兴趣，学习表现巨人和小人等不同形象的绘画方法。

### （三）通过光影游戏构思绘画内容

**1. 创设情境，通过光影游戏，激发幼儿想象。**

教师：今天，小人国的国王邀请你们到小人国去做客。你们想不想去呀（图 4 - 11 - 9）？

幼儿：我想去。

教师：小人国的国王有一个要求，他想让你们和他一起玩一个"大巨人与小矮人"的游戏。当你听到音乐里唱到"大巨人"的时候，就要静止不动，马上摆出一个造型。想一想，你要做什么动作？

幼儿（一臂胸前平屈，一臂伸直上举）：我做奥特曼的动作。

幼儿（两手捂住脸）：可以做出害怕的表情与动作。

教师：你们还要想一想，这样的造型能和小人国的小人们做什么有趣的事情或游戏呢？你们准备好了吗？咱们一起出发吧！

**2. 光影游戏"大巨人与小矮人"，大胆想象，讨论有趣的情节。**

教师带领幼儿进入提前创设好的黑暗教室，打开强光手电筒，播放音频4 - 11 - 1《小巨人与大矮人》（游戏音乐），引导幼儿根据音乐内容做出相应的动作（图 4 - 11 - 10）。

图 4 - 11 - 9

图 4 - 11 - 10

扫码听音频 4 - 11 - 1

游戏中提问：当听到歌曲中唱到"大巨人"的时候，请小朋友们变身大巨人，摆出一个造型。你可以想象你和小矮人一起做什么有趣的事情。

教师：你们变成大巨人时，分别做了什么动作？你能和小人们一起做什么事情呢？

幼儿（一臂胸前屈平，一臂伸直上举）：我变成奥特曼。小人们可以在我的胳膊上走平衡木。

幼儿（两臂侧平举）：我做的动作是这样的，可以让小人们在我的胳膊上蹦一蹦。

幼儿（弯下腰，双手撑地）：我弯着腰，双手撑着地，可以让小人们和我玩"钻山洞"的游戏。

环节目的：幼儿做出不同的身体动作，想象与小人们一起游戏的有趣画面，进一步构思绘画内容。

**3. 光影游戏"光影猜猜猜"，借助事物的外形，大胆想象。**

教师用强光手电筒照射胡萝卜玩具，将它的影子投射在墙壁上，请幼儿根据影子的轮廓猜一猜是什么，并对变大后的事物进行联想（图 4 - 11 - 11、图 4 - 11 - 12）。

图 4 - 11 - 11

图 4 - 11 - 12

重点提问：请你们看看，这是什么东西的影子？如果它出现在小人国里，会发生什么有趣的事情呢？

教师（教师拿出事先准备好的胡萝卜玩具进行投影）：小朋友们，我们来玩一个"光影猜猜猜"的游戏吧！请小朋友看看墙上的影子，猜猜这是什么东西。

幼儿：我觉得是胡萝卜。

教师：请你们想一想，如果你带着胡萝卜来到了小人国，小人国的小人们看到这根巨大的胡萝卜，会发生什么有趣的事情呢？

幼儿：很多的小人会一起吃掉这根巨大的胡萝卜。

教师（变换胡萝卜摆放的方向）：看一看，现在这根胡萝卜像什么？可以把它当成什么呢？

幼儿：可以把它当成火箭，带着小人们去太空旅行。

幼儿：可以把它当成小船，在海上航行。

幼儿：还可以把它当成房子，一座胡萝卜的房子，让小人们住在里面。

环节目的：教师通过光影游戏，引导幼儿观察影子造型和方向的变化，想象有趣的画面，帮助幼儿构思绘画内容。

### （四）交流构思，大胆想象

**1. 自主讨论，与同伴交流，激发想象。**

教师组织幼儿分组讨论，引导幼儿交流彼此的想法，拓展绘画思路。

提问：我们在小人国里，会发生什么有趣、神奇、快乐的事情呢？

教师：小朋友们，如果你是大巨人，来到了小人国，会发生什么有趣、神奇的事情呢？快和你身边的小伙伴说一说吧！

**2. 个别幼儿分享，集体总结绘画方法。**

教师邀请个别幼儿在集体面前讲述自己在小人国的奇妙经历。

教师引导幼儿把自己的想象变成实际画面的构图，如强调具体事物的大小比例关系、游戏的地点、游戏的玩法等。

幼儿：我变成了大巨人。在小人国里，我可以让小人们在我的胳膊上面滑滑梯，在我的腿下玩"钻山洞"的游戏。

幼儿：小人国的小人们可以在我的头顶玩"蹦蹦床"的游戏。

幼儿：我的头发很长，可以让小人们用它玩跳长绳。

教师：你们说得真有意思！我们除了可以和小人们玩游戏，还能帮助他们做什么事情呢？

幼儿：我想帮他们盖楼房。我很快就能盖好一座大高楼。

幼儿：我想让他们坐在我的肩膀上，带着他们去旅行，一起去看看各国的风景。

**3. 提出绘画要求。**

（1）介绍材料，引导幼儿自选绘画纸，可以单独创作，也可以合作绘画。

教师：一会儿，请你们把自己想的有趣故事画下来。这里有可以供两个人合作绘画的大纸，还有一些不同颜色的纸张，小朋友们可以根据需要自由选择。

（2）合作绘画，提示两名幼儿要一起商量绘画的内容和情节，分工完成绘画任务。

教师：如果两个小朋友要一起绘画，就要先商量绘画的内容，再分配好谁画哪个部分，这样，才能画出好的作品。

环节目的：通过小组讨论与交流，引导幼儿构思画面内容。

### （五）幼儿绘画，教师指导

**1. 大胆创作，表现自己的想法。**

请幼儿大胆绘画作品《小人国奇遇记》，表现自己的想法（图 4 - 11 - 13、图 4 - 11 - 14）。

教师：你想画什么？

幼儿：我想和然然一起画。我们两个都变成了大巨人，小人们用我们的头发玩过山车的游戏。

教师：用头发玩过山车的游戏，这个想法真有创意！那要怎么画呢？

幼儿：我可以把头发画成过山车的轨道，要弯弯曲曲的那种，让小人们坐在小车里。

教师：嗯，那我们的头发需要画得很长，用曲线和螺旋线绘画过山车的轨道，能让玩过山车的小人们玩得更加惊险与刺激。

图 4 - 11 - 13　　　　　　　　　　　图 4 - 11 - 14

**2. 针对绘画中出现的问题进行重点指导。**

（1）问题 1：想法丰富，画面内容简单。

重点指导：教师请幼儿讲述画面内容，提出问题，鼓励幼儿大胆想象并表现生动、有趣的故事情节，引导幼儿利用多媒体搜索自己想要绘画的形象，观察和丰富画面细节。

（2）问题 2：人物、事物、景物的大小比例关系不突出。

重点指导：引导幼儿借助白板课件放大或缩小人物、事物、景物的图片，观察并对比事物的大小。

（3）问题3：幼儿之间互相模仿，导致作品趋同。

重点指导：接纳幼儿绘画作品趋同的行为，与幼儿沟通绘画内容，激发幼儿独特的创意和想法。

（4）问题4：开始时，说好两个人合作绘画。最终，却各画各的。

重点指导：

①绘画前，引导幼儿参与合作小组组员共同讨论与构思，进一步明确分工。

②绘画中，教师介入幼儿之间的交流，引导幼儿与所画事物之间建立联系。

环节目的：了解幼儿的绘画作品构思，帮助他们梳理、总结绘画方法，引导幼儿将创意与想法在绘画作品中表现出来，解决幼儿能想到却画不出来的问题。

### （六）作品展示，分享与交流

**1. 请幼儿自由分享与交流，欣赏彼此的绘画作品。**

教师：谁想给大家介绍一下自己的作品？说一说你在小人国里发生的有趣故事。

幼儿：我画的是，我在小人国里帮助国王打仗。我用大雪球把许多敌人都打倒了。剩下的敌人们看到这个情形，都吓得赶紧逃跑了。

幼儿：我画的故事是，我带着一条毛毛虫来到小人国。毛毛虫像巨大的汽车一样，拉着小人们出去玩儿。

**2. 推选个别幼儿进行作品分享。**

教师：咱们一起来看看然然和彤彤的作品。你们猜猜，她们画的是什么故事？

幼儿：我看到大巨人的头发像过山车一样。

教师：现在，就让她们来讲一讲吧！

幼儿：你们猜对了，我们画的是用头发玩过山车（图4-11-15）。我们把头发画得特别长，弯弯曲曲的，很刺激！我们的身体就像一座游乐园，小人国的朋友们可以爬上、爬下，玩得很开心！我们把房子画得特别小，这样就显得我们很高。

图4-11-15　　　　　扫码看视频4-11-2

教师：这两位小朋友的作品画得非常有创意！这是她们沟通之后，分工合作完成的。她们注意了画面中事物的大小比例，充分表现了大巨人和小矮人的不同形象。我们给她们鼓鼓掌吧！

**3. 欣赏《疯狂动物城》动画片片断，拓宽幼儿创作思路。**

教师播放视频 4 - 11 - 2《疯狂动物城》（动画片节选）（参看视频 4 - 11 - 2），引导幼儿观看，拓宽幼儿创作思路。

数字化支持：通过观看动画视频，激发幼儿想象更多、更有趣的故事情节。

**幼儿作品** （图 4 - 11 - 16～图 4 - 11 - 19）

图 4 - 11 - 16

图 4 - 11 - 17

图 4 - 11 - 18

图 4 - 11 - 19

**活动延伸**

**1. 图书区：开展《小人国奇遇记》讲故事大赛。**

引导幼儿根据绘画作品内容，创编有关《小人国奇遇记》的故事，开展讲故事大赛。

**2. 美工区：自制小人国故事书。**

引导幼儿收集绘画作品，将其装订成册，制作小人国的故事书（如《花园里的小人国》《误入小人国》等故事），还可以制作连环画、游戏书等，投放到图书区，供幼儿自主阅读。

**活动反思**

本次活动将信息技术与美术活动深度融合，充分发挥了信息化课件的作用，通过个别幼儿照片在课件中的呈现，让幼儿感受自己变成大巨人的样子和场景，激发幼儿的绘画兴趣和想象力。教师通过课件中大小不同事物的对比，引导幼儿学会大与小不同比例的构图方法，大胆构思、想象大巨人与小矮人之间发生的有趣故事情节。同时，创设光影游戏的情境，通过用强光手电筒照射幼儿和胡萝卜玩具，产生大小不同的影子，引导幼儿发挥想象力，创意更多有趣的故事情节，充分体现了"玩中学"的教育理念。

**1. 激发兴趣，调动幼儿自主学习的积极性。**

在活动环节的设计上，教师从幼儿的兴趣出发，为幼儿提供了充分的创意空间。本次活动始终以幼儿为主体，引导幼儿自主学习，让幼儿在宽松、自主的创作氛围中，通过观察与探索、想象与创造、表达与交流，完成自己喜欢的绘画作品。

**2. 通过游戏，学习绘画方法。**

本次活动让幼儿在游戏的过程中，观察并习得对比事物大小、突出局部的绘画方法，在绘画中尝试运用不同事物大与小的比例关系，表现大巨人来到小人国后发生的有趣故事，让绘画活动更加有趣。

**3. 借助光影游戏，提高幼儿想象力。**

教师通过图片中大小事物的对比与观察和光影游戏，不断丰富幼儿创作经验，发挥幼儿的想象力，为后续创新故事情节做铺垫。幼儿在活动中从"想不到"到"想法单一"，再到"想法奇特而丰富"，循序渐进地拓宽了创作思路，培养了幼儿的创新意识和观察、探究能力，提升了幼儿的审美能力，让幼儿体验了绘画成功的喜悦和游戏的快乐。

**4. 活动亮点。**

（1）幼儿通过"玩中学"，感受创意美术活动的乐趣及意义。

（2）重视幼儿学的过程，引导幼儿通过自主感知学习绘画构图的方法。

（3）通过游戏激发幼儿绘画意愿，让幼儿想画、敢画、会画。

（4）注重丰富幼儿的感知经验，逐步系统地建构幼儿美术绘画基本方法与经验的体系，让幼儿在会画的基础上有所创新。

# 活动十二　扎染：美丽的扎染

教师：史可欣

**活动目标**

1. 探索点染、晕染、滴染等不同的染纸方法，尝试运用辅助材料进行染纸。

扫码看彩图 4-12-1

2. 能大胆地扎染，感受不同的折纸、染纸方法产生的图案效果和纹理的不同。

3. 能与同伴合作使用材料进行创作，体验扎染的快乐。

**活动重点**

探索点染、晕染、滴染等不同的染纸方法，尝试运用辅助材料进行染纸。

**活动难点**

能大胆地扎染，感受不同的折纸、染纸方法产生的图案效果和纹理的不同。

**活动准备**

1. 经验准备：有初步的扎染经验；知道简单的折纸方法。

2. 数字化资源准备：视频 4-12-1《扎染》宣传片、视频 4-12-2《美丽的扎染》（白板课件）、视频 4-12-3《扎染的步骤》（手工微课）。

3. 物质准备：小手帕若干、扎染颜料、剪刀、皮筋、托盘、叉子、一次性塑料手套、夹子、收纳筐、抹布（图 4-12-1）。

图 4-12-1

扫码看视频 4-12-1

**活动过程**

**（一）播放宣传片，激发兴趣**

教师播放视频 4-12-1《扎染》宣传片（参看视频 4-12-1），激发幼儿参与活动的兴趣。

教师：美美小镇上新开了一家扎染服装厂，吸引了很多人来参观，非常热闹！为了让更多的人了解扎染，厂长还特意制作了宣传片，让我们一起来看看，了解什么是扎染（图 4-12-2）。

小结：原来，扎染是我国民间的一种特殊工艺。扎染时，先要把白色的布捆扎起来，再浸染上颜色，这样就可以在布料上留下美丽而有趣的花纹了。你们想去厂里参观吗？那我们也进去参观一下吧！

幼儿：我们想去参观。

环节目的：通过播放扎染服装厂的宣传片，将幼儿带入一个真实的情境中。此环节的目的在于激发幼儿对扎染工艺的好奇心和探索欲望，让他们能够积极、主动地参与到活动中

图 4-12-2

来。幼儿通过观看宣传片，初步了解什么是扎染，为后续的活动打下基础。

数字化支持：通过希沃白板课件播放服装厂的宣传片，引导幼儿细致观看，初步了解扎染的方法。

### （二）欣赏图片，感受扎染服装之美

**1. 观察扎染服装图片，欣赏扎染服装之美。**

教师播放视频 4-12-2《美丽的扎染》（白板课件）（参看视频 4-12-2）中的扎染服装图片，引导幼儿观察，欣赏扎染服装之美（图 4-12-3）。

**2. 观看视频，了解扎染服装的特点。**

教师：这些衣服哪里漂亮？原来用扎染的方法可以做出这么漂亮的花纹和图案。布要怎么扎？怎么染呢？咱们一起到扎染车间，去看看工人阿姨是怎么做的吧！

幼儿：这些衣服上的图案真漂亮！

幼儿：我觉得布要用颜料去染色。

幼儿：我觉得布需要洗一下。

扫码看视频 4-12-2

环节目的：教师展示了各种扎染服装，引导幼儿观察扎染的花纹和图案之美。此环节的目的在于培养幼儿的观察能力和审美能力，让他们初步了解扎染工艺在生活中的应用。幼儿通过观察和欣赏扎染服装图片，能够更好地理解扎染的艺术价值，激发对传统工艺——扎染的兴趣。

数字化支持：引导幼儿欣赏扎染服装图片，观察扎染后呈现的花纹和图案，感受其中的美。

### （三）观看视频，了解扎染过程

教师播放视频 4-12-3《扎染的步骤》（手工微课）（参看视频 4-12-3），引导幼儿观看，初步了解扎染的过程和方法。

教师：视频中，老师先做了什么？她是怎么扎的？扎

扫码看视频 4-12-3

好之后，老师又做了什么？之后，老师是如何给布染上颜色的？不同的扎法染出来的图案分别是怎样的？说说有什么不同与相同（图 4 - 12 - 4）。

图 4 - 12 - 3          图 4 - 12 - 4

幼儿：先把布卷起来。

幼儿：用皮筋扎好。

幼儿：把布弄湿之后，用颜料染色。

幼儿：不一样的扎法就会染出不一样的图案。

小结：扎染的过程是卷布——扎布——浸湿——染色——晾干——打开。

环节目的：在欣赏视频的环节中，教师播放了扎染的制作过程视频，让幼儿直观地了解扎染的步骤和方法。此环节的目的在于拓宽幼儿的知识面，让他们了解传统工艺——扎染的制作过程。通过观看视频，幼儿能够学习扎染的基本技巧和方法，为后续的动手操作环节做好准备。

### （四）尝试扎染

教师介绍桌子上的扎染材料，引导幼儿了解扎染的过程和方法（图 4 - 12 - 5、图 4 - 12 - 6）。

图 4 - 12 - 5          图 4 - 12 - 6

教师：扎染车间参观完了。厂长还为我们准备了体验区，在那里，每个小朋友都可以动手试一试。

教师出示需要扎染的物品，如白色的小肚兜、小布包、小手帕、小衣服等。

要求：

1. 卷布时，小手要用力捏紧布，皮筋也要扎得紧一些，不要太松了。

2. 染布时，扎好的每一格选用一种颜色染。用完一种颜色，盖紧颜料瓶的盖子，再换另一种颜色。操作时，注意不要把颜料洒在桌子上或地上。

3. 桌子上有擦手的毛巾，可以用来擦掉手上的颜料。

环节目的：在幼儿尝试扎染的环节中，教师为幼儿提供了丰富的材料和创作空间，让他们亲自动手尝试扎染。此环节的目的在于培养幼儿的动手能力和创造力。幼儿通过亲身体验，能够更加深入地理解扎染工艺，尝试运用不同的折叠方法和染色技巧创作出属于自己的扎染作品。同时，这也能够促进幼儿的合作意识，让幼儿在与同伴的共同创作中体验合作的乐趣。

## （五）展示与评价

教师提供作品展示的平台，引导幼儿将自己的作品展示在平台上，观察自己的作品与他人的作品有何不同。

教师：同样的布，用了同样的颜料染色，染出来的花纹有什么不同？

幼儿：我的图案像小花一样。我是把布全部卷起来染的。

幼儿：我的是三角形的花纹。我是把布缠在小木棍上染的。

小结：原来扎布的方法不一样，染出来的花纹也是不一样的。这就是扎染的神奇之处，也是扎染工艺的魅力。

环节目的：在展示与评价作品环节中，教师集中展示了幼儿作品，引导幼儿进行自我评价和同伴评价，让幼儿感受到自己的创作得到了同伴、教师的认可和欣赏，树立了自信心，培养了幼儿的语言表达能力。同伴评价能够促进幼儿之间互相学习、分享与交流，让他们在评价中提高自己的审美能力和评价能力。

**幼儿作品** （图 4 - 12 - 7～图 4 - 12 - 10）

图 4 - 12 - 7　　　　　　　　　　图 4 - 12 - 8

图 4 - 12 - 9 图 4 - 12 - 10

**活动延伸**

1. 教师可以以"美丽的扎染"为主题，开展一系列主题活动。

2. 教师可以为幼儿提供不同种类的材料，让幼儿尝试用这些材料进行扎染创作。

3. 在幼儿掌握基本的扎染技巧后，教师可以引导他们尝试学习更复杂的扎染技巧。

4. 教师可以邀请家长参与延伸活动，通过家园共育的方式促进幼儿扎染艺术的发展。

**活动反思**

**1. 激发幼儿活动兴趣。**

本次活动中，教师在激发幼儿兴趣方面较为成功。活动的导入环节，教师通过播放扎染宣传片和展示各种扎染服装图片，让幼儿对扎染工艺产生了浓厚的兴趣，并积极参与到活动中。他们对扎染的制作过程和美丽的图案表现出了极大的好奇心，纷纷提问并讨论，为后续的活动打下了良好的基础。

**2. 引导幼儿感受扎染艺术的美。**

教师通过展示各种扎染服装图片，引导幼儿观察其花纹和图案之美，培养了幼儿的审美能力和观察力。在教师的引导下，幼儿能够用语言描述自己的感受，并尝试运用简单的扎染技巧创作出美丽的图案。

**3. 活动过程中的问题和不足。**

首先，在引导幼儿了解扎染过程和方法的环节中，视频播放的时间较长，导致部分幼儿出现了注意力不集中的现象。在今后的活动中，教师应对视频内容进行删减，突出重点，提高活动效率。其次，在幼儿尝试扎染的环节中，由于时间有限，部分幼儿未能完成作品创作，且作品效果不是很理想。今后，可以增加活动时长或分组进行创作，为幼儿提供充足的创作时间和机会。

**4. 展示与评价作品。**

虽然大部分幼儿的作品得到了展示和评价，但是受时间限制，部分幼儿的作品未能得到充分的展示和评价。今后，教师可以考虑采用更加多元的方式展示作品，如墙壁展示、网络展示等，让每个幼儿的作品都能得到充分的关注和肯定。

**5. 活动中的亮点。**

（1）真实情境创设。教师通过播放《扎染》宣传片和展示真实的扎染服装过程，让幼儿仿佛置身于一个真实的扎染工厂中，这种情境的创设有助于激发幼儿的好奇心和探索欲望。

（2）技术与艺术相结合。扎染不仅是一种技术，也是一种艺术。本次活动将扎染工艺与美术教育相结合，让幼儿在掌握扎染工艺的同时，也培养了他们的审美能力和创造能力。

（3）动手与动脑相结合。本次活动中，既有对扎染工艺的讲解和演示，又有幼儿亲自动手尝试的机会。这种设计使得幼儿在活动中既动手又动脑，促进了他们多元智能的发展。

（4）传统与现代相结合。扎染作为一种传统工艺，具有深厚的历史文化底蕴，本次活动也是在传承这种传统工艺，弘扬中华优秀传统文化。

# 活动十三　国画欣赏:《残荷新柳》

### 教师：马欣怡　杜　鹏

扫码看视频 4 - 13 - 1 　　　扫码看彩图 4 - 13 - 1

**活动目标**

1. 欣赏水墨作品《残荷新柳》，感受画面中点线对比形成的残荷与新柳的美。

2. 尝试运用点与线相结合的水墨画创作方法进行艺术表现。

3. 能够自己调色，大胆绘画，感受水墨画创作的乐趣。

> **活动重点**

欣赏作品中点与线交错形成的残荷与新柳的美，大胆创作。

> **活动难点**

尝试运用点与线相结合的水墨创作方法进行艺术表现，通过点与线的排列、弯曲、交错等方式创作残荷与新柳的形象，形成简洁、和谐之美。

> **活动准备**

1. 经验准备：幼儿观察过荷花残败及柳树发芽的图片；有欣赏水墨画作的经验；会使用毛笔、颜料、调色盘等水墨画创作工具。

2. 数字化资源准备：视频 4-13-1《残荷新柳》（实录课）、视频 4-13-2《残荷新柳》（白板课件），音频 4-13-1《残荷新柳》（背景音乐）。

3. 物质准备：毛笔、笔架、宣纸、国画颜料、墨汁、调色盘、罩衣、羊毛毡布（图 4-13-1），绘画纸、彩色笔、油画棒（图 4-13-2）。

图 4-13-1

图 4-13-2

> **活动过程**

### （一）欣赏图片，激发兴趣

教师播放视频 4-13-2《残荷新柳》（白板课件）（参看视频 4-13-2），引导幼儿观察并欣赏荷塘风景图片。

教师：图片中，有什么（图 4-13-3、图 4-13-4)?

幼儿：有柳树、干枯的荷叶。

幼儿：水面上有倒影。

教师：请你猜想一下，这是什么地方的风景？

扫码看视频 4-13-2

幼儿：我看到有水，这里应该是池塘。

幼儿：我猜这里应该是荷花池。

图 4 - 13 - 3　　　　　　　　　　　　图 4 - 13 - 4

　　环节目的：创设荷塘的情境，导入活动，吸引幼儿的注意力，激发其参与活动的兴趣。

## （二）欣赏水墨画作《残荷新柳》，初步感知画面内容

　　教师引导幼儿观察白板课件中吴冠中大师的水墨画作《残荷新柳》，说说画面内容，初步感受画面的美（图 4 - 13 - 5、图 4 - 13 - 6）。

图 4 - 13 - 5　　　　　　　　　　　图 4 - 13 - 6

　　教师：你从这幅作品中看到了什么？它是什么颜色的？

　　幼儿：我看到了干枯的莲蓬和荷叶。它们都是黑黑的。

　　幼儿：我看到了画面中有绿色的柳树叶子。

　　幼儿：我看到水里有小鱼在吐泡泡。

　　幼儿：我看到长长的线。我觉得那是荷花的茎。

　　教师：你觉得这幅画画的是什么季节的风景？给你什么感觉？

　　幼儿：我觉得是春天，因为有柳树。

　　幼儿：我感觉有点儿冷，因为池塘里都没有长叶子。

环节目的：通过观察画面内容，初步感知荷塘的景色。

## （三）细致观察画面细节，感受点线对比

**1. 引导幼儿仔细观察，对比画面墨色浓淡。**

重点提问：这两个地方用墨有什么不同？画家为什么要这样画？

幼儿：残荷的颜色非常深，黑黑的。

教师：非常黑的墨叫什么？

幼儿：浓墨。

教师：为什么要用浓墨画残荷呢？

幼儿：因为残荷是干的，干了以后，就变黑了。

幼儿：残荷干了，就硬了。黑色的残荷给人感觉很硬。

教师出示课件中残荷、新柳的特写图片，引导幼儿细致观察（图4-13-7、图4-13-8）。

教师：画家是怎么画柳条的？

幼儿：柳条是弯弯的，很漂亮！

幼儿：柳条是细细的，要用细细的线来画。

小结：浓墨画残荷，表现残荷是干的、枯萎的。淡墨画柳条，表现柳条是飘逸的、新生的。

数字化支持：使用白板课件的标注功能勾画出残荷与新柳，让幼儿着重对比观察墨色浓淡及线条粗细的不同。

图4-13-7 图4-13-8

**2. 运用"聚光灯放大"功能放大画面细节。**

教师运用白板课件的"聚光灯放大"功能放大画面细节，引导幼儿细致观察，然后提问（图4-13-9～图4-13-11）。

教师：残荷有哪些姿态？

幼儿：有直直向上的，也有低头弯着的。

教师：黑色的色块是什么？

图 4 - 13 - 9

图 4 - 13 - 10

图 4 - 13 - 11

幼儿：是莲蓬。

教师：柳树是什么姿态的？

幼儿：柳树是弯弯曲曲的。

教师：这些点是什么？

幼儿：我觉得像柳树的叶子。

小结：画家运用折线和直线表现残荷枯萎与衰败的形象，运用曲线和点表现柳树飘逸新生的形象。

数字化支持：使用白板课件的"聚光灯放大"功能放大残荷与新柳的细节，引导幼儿重点观察残荷与新柳的姿态及线条的变化，突破活动的重、难点。

### （四）表达与创造

**1. 说一说自己的创作思路。**

引导幼儿大胆表达自己的想法。

教师：小朋友们，咱们刚刚欣赏的《残荷新柳》是吴冠中爷爷的水墨画作品，他是中国著名的画家。接下来，请大班的小画家们也来创作自己心目中的作品吧！

教师：请你和好朋友说一说，你想画什么？打算怎样构图（图 4 - 13 - 12）？

幼儿：我想在上面画柳树，在下面先画荷叶，再画一些小鱼。

幼儿：我要画干荷叶，再画一些低下头的莲蓬。

环节目的：幼儿讲述画面的构图，互相借鉴创作思路。

**2. 鼓励幼儿自主创作。**

教师播放音频4-13-1《残荷新柳》（背景音乐），幼儿按照自己的意愿自由分组，自主调墨、调色，自主创作（图4-13-13）。

扫码听音频4-13-1

数字化支持：播放背景音乐，营造轻松、愉悦的创作氛围，鼓励幼儿大胆创作。

图4-13-12

图4-13-13

**3. 引导幼儿掌握创作要点。**

重点指导：

（1）鼓励幼儿大胆下笔创作《残荷新柳》。

（2）指导水墨组用水控制墨的浓淡。

（3）调墨的时候，用滴管把水滴到调色盘里，用毛笔少量、多次地加墨。

**（五）欣赏与讲评作品**

教师引导幼儿展示作品（图4-13-14），并清晰地讲述作品内容。

教师：请完成作品的小朋友把画放到展板上，和老师、小朋友们讲一讲你的作品（图4-13-15）。

图4-13-14

图4-13-15

**幼儿作品**（图 4 - 13 - 16～图 4 - 13 - 19）

图 4 - 13 - 16

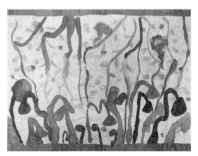

图 4 - 13 - 17

图 4 - 13 - 18

图 4 - 13 - 19

**活动延伸**

1. 家园共育：生活中，幼儿和家长可以一起到公园，观察池塘里残荷的美景并拍摄照片，收集一些干莲蓬。

2. 美工区：引导幼儿用收集来的干莲蓬制作插花或手工制作莲蓬小人等。

3. 美工区：可以继续开展水墨画的创作活动，引导幼儿感受水墨画创作的乐趣。

**活动反思**

**1. 美术欣赏，激发幼儿兴趣。**

美术欣赏教学活动是幼儿园美术教育三大内容之一。美术欣赏教学活动强调幼儿的主体性，充分发挥幼儿在学习过程中的主动性、积极性和创造性。大班是幼儿在园的最后一年，他们的欣赏和感知能力逐步增强，对新鲜的事物非常感兴趣，愿意主动探索。因此，我选择我国著名画家吴冠中先生的《残荷新柳》水墨作品作为本次美术欣赏活动的内容，带领孩子们探索新的艺术表现形式。

**2. 激发幼儿自主探索。**

作为教师，要为幼儿提供丰富的信息资源，让更多的幼儿自主探索，帮助他们自主选择美术欣赏与体验的活动内容，构建自己的美术知识体系。活动前期，我们在区域活动中开展过几次小组国画活动。幼儿基本上掌握了国画的创作技法，了解了绘画国画的基本常规，观察并体会了国画中的意境美。在美术欣赏活动中，我利用问题法、讨论法引导幼儿认真观察、自主思考、主动探索、大胆表达，促进了幼儿语言表达能力的发展。

**3. 鼓励幼儿大胆表达，激发幼儿的创作灵感。**

当幼儿观察大师作品时，我鼓励他们说一说看到作品的感受，表达内心的想法。我通过多媒体的聚光灯与放大等功能，带领幼儿细致观察画面细节，再分组讨论，说一说自己的感受和猜想，大胆想象大师用的是什么样儿的笔，他是如何运笔的，画这幅作品时他的状态如何。在此过程中，幼儿欣赏国画的水平会获得很大的提高，同时，还会提升艺术创作灵感。

**4. 提供不同的美术材料，进行创作与表达。**

幼儿从色彩、构图、运笔、对比、意向等不同方面充分感知作品后，尝试使用不同的美术材料进行创作与表达。我为他们提供了国画颜料、水粉颜料、水彩颜料、毛笔等不同的材料，让孩子们自由选择，帮助幼儿梳理创作思路并形成画面构图，从而更好地完成自己的作品。在整个活动中，孩子们能够自主、大胆、愉悦地进行个性化的表达与创造，最终，创作出属于自己的《残荷新柳》作品。

# 活动十四　扭扭棒制作：神奇的扭扭棒

## 教师：宋　庄

**活动目标**

1. 了解扭扭棒的特性，敢于尝试用扭扭棒制作不同的造型。
2. 能够大胆想象，用扭扭棒制作自己喜欢的造型。
3. 通过扭扭棒手工制作，体验艺术创作的乐趣。

**活动重点**

了解扭扭棒的多种变形方法。

扫码看彩图 4-14-1

敢于探索扭扭棒与其他材料组合，变出不同的造型。

**活动准备**

扫码看课件 4-14-1

1. 经验准备：接触过扭扭棒，了解扭扭棒的特点。

2. 数字化资源准备：视频 4-14-1《神奇的扭扭棒》
（手工微课），课件 4-14-1《神奇的扭扭棒》。

3. 物质准备：各种颜色的扭扭棒、树枝等低结构材料（图 4-14-1）、
奶酪棒（图 4-14-2），记号笔、剪刀，若干个扭扭棒小动物造型范例作品
（图 4-14-3、图 4-14-4）。

图 4-14-1

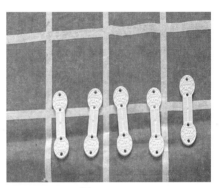

图 4-14-2

图 4-14-3

图 4-14-4

**活动过程**

**（一）欣赏作品，思考制作方法**

**1. 玩一玩，观察扭扭棒小动物作品。**

幼儿通过观察扭扭棒小动物范例作品，引起参与活动的兴趣。

教师：瞧！这些小玩具是用什么做的？

幼儿：扭扭棒。

教师：这些扭扭棒都变成了鳄鱼的什么部位？它是怎么变的？

幼儿：我们刚才玩的是蓝色的鳄鱼。扭扭棒变成了鳄鱼的嘴巴、牙齿、眼睛、身体和腿，鳄鱼身体所有的部位都是扭扭棒制作的。把扭扭棒折成锯齿形，可以变成鳄鱼的牙齿。把扭扭棒变成卷卷的样子，可以当做鳄鱼的身体和腿。把扭扭棒卷成圆形，可以当做鳄鱼的眼睛。真是太有趣了！

幼儿：我们组刚才玩的是绿色的鳄鱼。鳄鱼身体所有的部位都是扭扭棒变的。将扭扭棒与奶酪棒结合，来回弯折，就能变出鳄鱼的大嘴巴，而且嘴巴还能一张一合。鳄鱼的身体是用扭扭棒编织而成的，可以弯曲着向前爬行。鳄鱼的腿和爪子也是用扭扭棒做的，他把扭扭棒折成了一个小叉子的样子，更像鳄鱼的爪子了。

环节目的：幼儿观察用扭扭棒制作的同一种动物——鳄鱼，发现扭扭棒变形后可以制作鳄鱼身体的不同部位，同一种动物可以用不同的方法制作，激发了幼儿创作个性化作品的愿望。

**2. 扭一扭，发现扭扭棒的神奇之处。**

教师通过展示同一种动物造型不同的制作方法，鼓励幼儿发现扭扭棒的神奇之处。

教师：刚才，这两组小朋友观察得特别仔细！他们发现同样用扭扭棒制作鳄鱼，可以做出不同造型的鳄鱼。你们观察之后，发现扭扭棒有什么神奇的地方吗？

幼儿：我发现了扭扭棒可以随意变形，可以随意弯折，可以按照自己的想法随意变化。

小结：扭扭棒很软，容易弯折、变形。同时，它又有一定的硬度，可以支撑物体，保持形状不变。小朋友们可以通过折、弯、卷等手法，用扭扭棒随意变化出不同的造型。

环节目的：引导幼儿观察小动物造型范例作品，发现并了解扭扭棒可以随意弯折、变形的特点，为后续活动做铺垫，引起幼儿的活动兴趣。

### （二）在操作中感知扭扭棒的特性

**1. 动手操作，改变扭扭棒的形状。**

师幼共同操作扭扭棒，将扭扭棒变成不同的形状。

教师：现在，请每个小朋友拿起一根扭扭棒，玩一玩吧！

幼儿：扭扭棒太好玩了，可以变来变去的！你看，我拧呀拧，转呀转，真好玩（图4-14-5、图4-14-6）！

图 4 - 14 - 5

图 4 - 14 - 6

环节目的：动手操作，亲身体验与感知扭扭棒经过不同的手法可以变成不同的形状。

**2. 了解扭扭棒的多种玩法。**

教师播放视频 4 - 14 - 1《神奇的扭扭棒》（手工微课）（参看视频 4 - 14 - 1），引导幼儿观看，了解扭扭棒通过卷一卷、扭一扭等可以改变形状，感知扭扭棒的不同变化（图 4 - 14 - 7～图 4 - 14 - 10）。

扫码看视频 4 - 14 - 1

环节目的：幼儿动手操作，了解扭扭棒可以怎样变化。

数字化支持：播放手工微课视频，引导幼儿直观学习并掌握扭扭棒不同的变形方法。

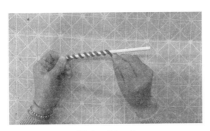

图 4 - 14 - 7

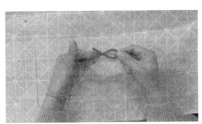

图 4 - 14 - 8

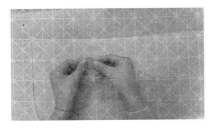

图 4 - 14 - 9

图 4 - 14 - 10

**3. 欣赏范例作品。**

教师出示范例作品，引导幼儿欣赏作品，思考如何创作，激发幼儿的创作欲望（图4-14-11、图4-14-12）。

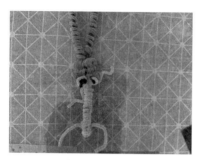

图4-14-11

图4-14-12

**4. 集体讨论。**

教师：扭扭棒还能和很多材料组合，制作出更有意思的创意作品。

（1）感知扭扭棒与奶酪棒组合产生的变化。

（2）请幼儿大胆思考、想象，扭扭棒与奶酪棒组合，可以变成哪些物品。

教师：扭扭棒与奶酪棒组合，有趣的地方是什么？可以变成什么？

幼儿：奶酪棒上面有两个小洞，扭扭棒刚好可以穿过小洞，进行连接。还可以借助奶酪棒上面的小洞，让扭扭棒动起来，变得更有意思。

教师：有的小朋友发现了奶酪棒上面小洞的妙用之处，可以将扭扭棒从小洞那里穿过去，让它动起来。

幼儿：扭扭棒还可以连接在一起，变得很长，能用它做一个超级吓人的眼镜蛇，扭来扭去的。

教师：哇，你想到了很多扭扭棒连接在一起，可以扭出有两个大肉翼的眼镜蛇，想想就很神气呢！

幼儿：我刚才想到了一个方法，可以把奶酪棒当做小鸟的翅膀，在上面缠上扭扭棒，做成小鸟身上毛茸茸的羽毛，再把两个翅膀连接在一起，这样小鸟的翅膀就可以上下扇动了。

教师：哇，你的这个想法也非常有创意！这个小朋友巧妙地将扭扭棒与奶酪棒组合在一起，变成小鸟，还能让小鸟的翅膀动起来。嗯，真有意思！

**5. 扭扭棒与不同材料组合产生的变化。**

鼓励幼儿大胆思考扭扭棒还可以与什么物品组合，创作出更有趣的形象。

幼儿：扭扭棒可以与奇形怪状的树枝组合，也可以和松塔组合，制作不同的小动物。

小结：扭扭棒除了自己可以变形，还可以与其他物品组合，变出更加有趣的形象。

### （三）尝试用扭扭棒的多种变形方法制作不同的造型

**1. 大胆想象。**

教师鼓励幼儿按照自己的想象，用扭扭棒进行创作。

教师：扭扭棒能与很多物品组合，做出很多漂亮的造型。你想做什么？赶快和你旁边的小朋友说一说吧！

幼儿：我觉得扭扭棒还可以与吸管组合。吸管长长的，我们可以把吸管当做大象的鼻子，这样做出来的大象就可以喷水了。

幼儿：我觉得扭扭棒还可以和小瓶盖组合，制作漂亮的花朵。

幼儿：我觉得扭扭棒还可以与瓶子组合，把扭扭棒缠在瓶子上面，做一个漂亮的小公主。可以把扭扭棒卷得宽一些，当做公主的蓬蓬裙（图4-14-13、图4-14-14）。

**2. 动手制作。**

鼓励幼儿利用平板电脑搜索自己想要制作的形象图片作为参考，并思考扭扭棒如何变形。

教师：小朋友们可以用平板电脑搜索一下你们想要制作的形象，作为制作参考。

图4-14-13

图4-14-14

小结：刚才，小朋友们的想法都非常有创意！你们还想到了可以将扭扭棒与很多物品组合在一起进行创作，并且利用物品本身的特点来表现不同的造型，非常巧妙！你们真是爱动脑筋的宝宝！你赶快找一找，看看班里有哪些你想用的材料，可以把它拿过来，和扭扭棒组合在一起，完成你的创意作品吧！

幼儿操作，教师观察并指导。教师循环播放视频4-14-1《神奇的扭扭棒》（手工微课），方便能力较弱的幼儿观看并参考。

教师：你为小鸟设计的羽毛真漂亮，还是渐变色的呢！这几根小鸟的羽毛怎么连接在一起呢？你能给我讲讲你的好方法吗？

教师：我看到了有的小朋友制作的小女孩头发是卷卷的，原来她把扭扭棒缠绕在吸管上，卷啊卷，就变成卷卷的头发了。你们也可以尝试借助工具让扭扭棒变形。

环节目的：幼儿在制作前需要将自己的想法说出来，并在头脑中想象如何利用扭扭棒制作相应造型的细节，在幼幼互动、师幼互动的过程中，明确制作方法。

### （四）分享与交流

幼儿介绍自己的作品，再说一说最喜欢哪件作品及喜欢的理由。

教师：谁想给大家介绍一下你的作品？说说你是怎么制作的。

幼儿：我做的是扭扭棒小人。我先找到了"人"字形的小树枝，我觉得它特别像人的身体。然后，我就把扭扭棒和小树枝组合在一起，做出了扭扭棒小人。

幼儿：我做的是一匹小斑马。我用的是黑色和白色的扭扭棒。我把扭扭棒卷成小弹簧的样子，缠在小木棍上，当做斑马的身体。这匹小斑马是不是特别可爱呀？

幼儿：我做的是一只听音乐的小兔子。它还戴着粉色的耳机呢！

幼儿：我用到了纸筒芯和奶酪棒。我借助奶酪棒上面的小洞洞，做出了小鸟的翅膀。我的小鸟翅膀还可以动来动去呢！

教师：小朋友们的作品都非常有创意！有的小朋友通过观察小树枝的外形特点，借形想象，制作了扭扭棒小人。有的小朋友将扭扭棒变形，结合小动物的外形特征，在动物身体的颜色上下功夫，制作了有着黑白条纹的小斑马。有的小朋友巧妙地借助奶酪棒，制作了小鸟的翅膀。你们的想法都特别有创意！

**幼儿作品** （图 4-14-15～图 4-14-18）

图 4-14-15

图 4-14-16

图 4 - 14 - 17 　　　　　　　　　　图 4 - 14 - 18

**活动延伸**

1. 探索其他可以弯曲、变形的低结构材料，感受它们的特性。

2. 鼓励幼儿在美工区自主创作扭扭棒手工作品。

3. 将一部分幼儿创作的扭扭棒作品投放在图书区，鼓励幼儿根据扭扭棒作品的形象自主创编并讲述故事。

4. 探索扭扭棒在其他方面的用途（如连接用、拼摆用等）。

**活动反思**

**1. 展示范例作品，引起幼儿参与活动的兴趣。**

孩子们通过欣赏扭扭棒范例作品，激发了创作兴趣。班里的低结构材料柜中投放了五颜六色的扭扭棒。孩子们根据已有经验，经常用扭扭棒辅助连接其他材料。在美工区里，个别幼儿做过扭扭棒花朵。

**2. 通过提问引导幼儿大胆想象、制作扭扭棒作品。**

孩子们在欣赏扭扭棒范例作品后，萌发了很多奇思妙想。他们在教师的带动和组织下，进行了讨论，敢于大胆地将自己的想法讲述出来。幼儿看到教师出示的作品，非常惊讶，原来扭扭棒与其他材料组合还可以制作出会动的小动物。他们纷纷表示"太有意思啦"，也想试一试。于是，教师带领孩子们再次讨论，鼓励他们寻找材料柜里的低结构材料，看看哪些材料可以与扭扭棒巧妙地组合，制作出不同的造型。在制作过程中，有的幼儿遇到了困难，如用扭扭棒做了几根羽毛，发现没办法连接。教师并没有直接把连接的方法告诉幼儿，而是"示弱"，引导幼儿尝试探究使用不同的连接材料并解决了这个问题。活动中，教师能够及时提升幼儿相关制作经验。例如：个别幼儿能借助材料让扭扭棒变形。教师引导个别幼儿演示自己的制作过程和方法，与其他幼儿共享制作经验。

# 活动十五　剪纸：京剧脸谱

教师：何梦雯

## 活动目标

1. 感知京剧脸谱图案与花纹对称的特点，能用阴剪与阳剪相结合的方法剪出图案与花纹。

2. 敢于大胆尝试，剪出不同的图案与花纹，装饰脸谱。

3. 感知中国国粹京剧艺术及脸谱的独特魅力。

扫码看彩图 4-15-1

## 活动重点

能够在京剧脸谱上找到合适的位置，装饰不同的对称图案与花纹。

## 活动难点

运用对称的方式丰富京剧脸谱上的图案与花纹。

## 活动准备

1. 经验准备：学习过对折剪，有剪纸的经验；对京剧脸谱有初步的认知。

2. 数字化资源准备：视频 4-15-1《京剧脸谱之脸谱放大》、视频 4-15-2《京剧脸谱之画对称轴》、视频 4-15-3《京剧脸谱之对折游戏》、视频 4-15-4《京剧脸谱之拖拽拼摆》、视频 4-15-5《京剧脸谱之摆花纹》，音频 4-15-1《京剧脸谱》。

3. 物质准备：彩色纸、剪刀、纸杯、收纳筐（图 4-15-1）。

图 4-15-1

扫码听音频 4-15-1

**活动过程**

### （一）音乐引入，激发兴趣

教师播放音频4-15-1《京剧脸谱》，出示情景图片引入活动，激发幼儿参与活动的兴趣。

教师：今天，咱们要用剪纸的方法，制作一张属于你自己的京剧脸谱。

### （二）观察图片，了解花纹特点

教师播放视频4-15-1《京剧脸谱之脸谱放大》（参看视频4-15-1），引导幼儿观察并欣赏京剧脸谱的不同样式。

重点提问：你最喜欢哪张京剧脸谱呢？为什么？

幼儿：我喜欢绿色的这个脸谱。它的中间位置有很多漂亮的花纹，而且这些花纹的样式都不一样（图4-15-2）。

幼儿：我喜欢那张脸谱。它嘴角两边的花纹是翘起来的。我觉得特别威风（图4-15-3)！

扫码看视频4-15-1

图4-15-2　　　　　　　　　　图4-15-3

环节目的：在电子白板上出示幼儿戴过的京剧脸谱图片，引导幼儿说一说自己喜欢的京剧脸谱，引导幼儿细致观察京剧脸谱，了解其花纹特点。

### （三）对比图片，了解花纹的位置

教师播放视频4-15-2《京剧脸谱之画对称轴》（参看视频4-15-2），发现京剧脸谱花纹对称的特点。

重点提问：这些京剧脸谱中，你觉得哪些花纹比较新颖、比较独特？这些花纹有什么特点？

幼儿：有的花纹像云朵一样，有的花纹像高山一样

扫码看视频4-15-2

（图 4 - 15 - 4）。

教师：这些花纹在脸谱的什么位置？

幼儿：我看到脸谱的中间位置有花纹，眼睛的周围也有花纹，脸蛋上也有花纹（图 4 - 15 - 5）。

幼儿：我发现脸谱两边的花纹是一样的。

教师：哪些花纹是左右对称的呢？谁能画出来？

图 4 - 15 - 4

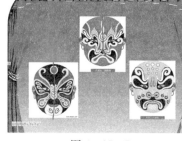

图 4 - 15 - 5

小结：原来京剧脸谱上有很多的花纹，这些花纹都是以脸谱的中心线为轴，左右两边是对称的。

环节目的：观察京剧脸谱的花纹，初步感知京剧脸谱花纹左右对称的特点。

数字化支持：利用图片的方式让幼儿可以直观地对比、发现花纹的特点和对称的形式，用白板笔圈画的方式将对称的花纹圈出来。

### （四）出示左右对折的京剧脸谱，认识对称

教师播放视频 4 - 15 - 3《京剧脸谱之对折游戏》（参看视频 4 - 15 - 3），引导幼儿发现京剧脸谱花纹的对称关系。

重点提问：我们把脸谱左右对折。你发现了什么？

幼儿：左边和右边的脸谱重叠在一起了，花纹也重合了（图 4 - 15 - 6）。

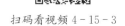

扫码看视频 4 - 15 - 3

小结：花纹的形状、位置和大小完全相同。对折后，能够重叠在一起的花纹或图案叫"对称"。

白板课件中出示更多的京剧脸谱图片。

教师：请小朋友们仔细观察这些脸谱，说说哪些脸谱是对称的（图 4 - 15 - 7）。

环节目的：教师将出示的脸谱图案左右翻转并对折，引导幼儿仔细观察脸

谱的变化。

数字化支持：利用多媒体的动画功能，让幼儿理解京剧脸谱沿中心线对折后花纹对称的特点。

图4-15-6          图4-15-7

### （五）玩"拼脸谱"游戏，加深对"对称"的认识

教师播放视频4-15-4《京剧脸谱之拖拽拼摆》（参看视频4-15-4），呈现多个半张脸谱图案，请幼儿把两个半张脸谱拼在一起，成为一张完整的脸谱。

教师：刚才，咱们一起看了那么多的脸谱，你们也认识了一些脸谱。接下来，咱们玩一个游戏叫做"拼脸谱"，看看谁拼得最快（图4-15-8、图4-15-9）。

扫码看视频4-15-4

图4-15-8          图4-15-9

数字化支持：利用白板课件中的拖拽功能，让幼儿以"拼脸谱"游戏的方式充分感知京剧脸谱花纹对称的特点。

### （六）探索设计对称花纹的方法

**1. 大胆猜想剪出对称花纹的方法。**

教师：怎样在脸谱上剪出对称的花纹？应该怎么折？

教师：你能把折的地方用笔画出来吗？

幼儿利用白板课件的画笔功能，在京剧脸谱上画出对称轴。

教师：如果这个花纹在脸的两侧，那么我们怎么才能剪出对称的花纹呢？

小结：需要折两次，才能剪出来。先将脸谱沿中心线左右对折一次，接着，在要剪的花纹位置再折一次。

**2. 尝试在白板上设计花纹。**

教师播放视频 4-15-5《京剧脸谱之摆花纹》（参看视频 4-15-5），出示一张空白脸谱，引导幼儿观察。

教师：这里有很多花纹。请你想一想，你会怎样设计花纹对称的脸谱呢？请你拖一拖、试一试（图 4-15-10、图 4-15-11）。

扫码看视频 4-15-5

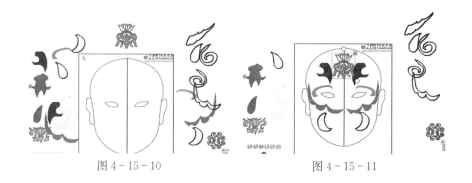

图 4-15-10　　　　　　　　图 4-15-11

数字化支持：利用白板课件的拖拽和无限克隆的功能，引导幼儿自己设计出花纹对称、有个性的京剧脸谱。

## （七）大胆尝试，剪出京剧脸谱

**1. 自主设计，剪出京剧脸谱。**

教师：今天，每个小朋友设计一张京剧脸谱。请你用对称的方法设计出最新颖、最独特的花纹。注意要合理布局，让你剪出来的脸谱更好看（图 4-15-12）！

环节目的：引导幼儿设计并剪出图案对称且有个性的京剧脸谱。

**2. 评价自己和他人的作品。**

教师：你认为谁设计的京剧脸谱最漂亮？为什么（图 4-15-13）？

幼儿：他剪的花纹特别漂亮！他的京剧脸谱的中间位置有一只大蝴蝶。

幼儿：我最喜欢这张京剧脸谱，它连鼻子上都有花纹，并且脸颊两边还有个很大、很好看的花纹，像一棵椰子树一样。

图 4 - 15 - 12

图 4 - 15 - 13

**幼儿作品**（图 4 - 15 - 14、图 4 - 15 - 15）

图 4 - 15 - 14

图 4 - 15 - 15

**活动延伸**

1. 请幼儿戴上自己制作的京剧脸谱进行表演。
2. 在美工区进行立体京剧脸谱的制作。
3. 在表演区，利用京剧脸谱，表演中国非物质文化遗产项目——川剧变脸。

**活动反思**

**1. 音乐导入，激发兴趣。**

第一环节创设情境，用《京剧脸谱》音乐导入，引出京剧脸谱剪纸活动，激发幼儿兴趣。

**2. 利用多种途径，引导幼儿了解京剧脸谱花纹的特点。**

幼儿观看自己喜欢的京剧脸谱，表达对京剧脸谱的喜爱。教师利用白板课件中的超链接和放大功能，让幼儿到屏幕前触摸京剧脸谱图片，将脸谱放大，说出喜欢该脸谱的理由。教师提问并引导幼儿初步感知"对称"，利用数字化支持教学活动，通过播放京剧脸谱图片，引导幼儿进行讨论并感知京剧脸谱的花纹特点。教师引导幼儿说一说每张脸谱哪个花纹最漂亮，了解脸谱对称花纹的装饰方法。教师利用白板课件的拖拽和动画功能折叠半张京剧脸谱，让幼儿尝试自己翻转脸谱图案，更直观地感知脸谱花纹对称的特点。

**3. 解决难点问题，加深对花纹对称的理解。**

教师引导幼儿拖拽、拼摆半张脸谱，玩"拼脸谱"的游戏，认识什么是"对称"，加深对花纹对称的理解，通过拖拽和无限复制功能，让幼儿自己拼摆京剧脸谱的花纹，进一步巩固认知脸谱花纹对称的特点，利用白板课件出示没有花纹的脸谱，让幼儿自己移动花纹、设计花纹，在观察、操作、交流、探索中形成对空间布局和对称的认知。教师创设情境，引导幼儿动手操作，剪出京剧脸谱。教师通过循环播放京剧脸谱的图片，为幼儿创设隐性指导的环境，引导幼儿自主尝试、探索剪出京剧脸谱的对称花纹。

最后，作品欣赏评价环节，教师给幼儿剪好的京剧脸谱拍照，在白板上播放照片，进行评价，引导幼儿学会欣赏他人的作品，帮助幼儿建立创作的自信心，提高欣赏和评价能力。

## 活动十六 锡纸制作：锡纸小人

### 教师：尹亮玉

扫码看视频 4-16-1　　　扫码看彩图 4-16-1

**活动目标**

1. 在充分感知锡纸特性的基础上，利用锡纸的可塑性制作锡纸小人。
2. 尝试运用卷、捏、拧等方法，塑造各种姿态的锡纸小人。
3. 体验利用特殊材料锡纸进行美术创作的乐趣。

**活动重点**

尝试利用锡纸的可塑性制作各种姿态的锡纸小人。

**活动难点**

尝试运用卷、捏、拧等方法，塑造各种姿态的锡纸小人。

**活动准备**

1. 经验准备：在生活中画过人物的不同动态；有使用废旧材料制作的经验；认识锡纸。

2. 数字化资源准备：视频 4-16-1《锡纸小人》（实录课）、视频 4-16-2《各种动作造型的小人》（白板课件）。

3. 物质准备：锡纸（一大一小，每个幼儿一份）（图 4-16-1），双面胶若干、泥钉胶、剪刀、彩色活动纸板小人人手一份、多种废旧材料（如毛球、吸管、毛根、瓶盖等）、收纳筐（图 4-16-2），锡纸小人作品。

图 4-16-1

图 4-16-2

**活动过程**

**（一）感受锡纸特性，了解锡纸的用途**

**1. 出示材料，引导幼儿感知锡纸的特性。**

（1）了解锡纸的用途。

教师：你知道这种材料是什么吗（图 4-16-3）？这是锡纸。你在哪里见过它？

幼儿：在吃鸡翅的时候，怕烫手，可以用它包裹鸡翅。

幼儿：在厨房烤东西的时候见过。

幼儿：烤蛋糕的时候可以用。

（2）可以把锡纸变成什么。

教师：请你用手捏一捏、揉一揉、拧一拧、团一团锡纸，看看你能把锡纸变成什么（图 4-16-4）。

幼儿：我捏了一下锡纸，把它变成了一条小蛇。

幼儿：我用锡纸做了一个蝴蝶结。我先把锡纸的两边压扁，再使劲儿拧中间的位置，就做成了一个蝴蝶结。

幼儿：我用搓一搓的方法，把锡纸变成了一根小棍。

（3）讨论并分享锡纸的特点。

重点提问：说一说，锡纸有什么特点？

幼儿：锡纸很软，使劲儿一按，就变形了。

幼儿：锡纸亮亮的。

幼儿：锡纸很光滑，捏完之后，表面就变得粗糙了。

小结：锡纸是一种金属材料，是烧烤、保鲜、冷冻等行业的常用物品。它表面光滑，材质柔软，容易变形，具有很好的可塑性。

环节目的：通过谈话导入活动，吸引幼儿的注意力，引导幼儿动手操作，进一步感知锡纸的特性。

图 4-16-3

图 4-16-4

**2. 出示锡纸小人作品，探索制作方法。**

（1）出示锡纸小人作品，激发幼儿的创作欲望。

教师：今天，我给你们带来一个小礼物。你们看，这是什么（图 4-16-4）？

幼儿：小人。

教师：你们知道它是用什么材料做的吗？

幼儿：锡纸。

（2）师幼互动，探索制作锡纸小人的方法和步骤。

①猜想锡纸小人的制作方法。

教师：请小朋友们猜一猜、说一说，锡纸小人的头部、身体、四肢是怎么做出来的（图 4-16-5、图 4-16-6）？

幼儿：先把锡纸揉成一个球，当做小人的脑袋，再把锡纸的两边剪一下，捏出小人的手臂，腿是用身体延长的部分捏出来的。

②教师帮助幼儿总结制作方法，演示锡纸小人的制作步骤和过程。

教师：先拿一张长方形的锡纸，从上面开始捏，通过团、卷的方法做出小人圆圆的头。注意用锡纸的上半部分做头部，可以用手撕或者用剪刀剪出小人的四肢，再把它们搓成细长的样子。

环节目的：幼儿通过观察与探索，发现锡纸小人的制作方法。

图 4－16－5　　　　　　　　　图 4－16－6

### （三）通过观察、模仿，探索锡纸小人的不同姿态

**1. 创设情境，引导幼儿欣赏视频中人物的各种动态。**

教师播放视频 4－16－2《各种动作造型的小人》（白板课件）（参看视频 4－16－2），引导幼儿观看，通过观察视频中的人物，了解小人动作的变化。

教师：请你仔细观察，看看视频中的小人都做了什么动作（图 4－16－7）。

幼儿：小朋友在跳舞。

教师：你在视频里都看到了哪些动作？请你来模仿一下（图 4－16－8）。

幼儿：把手举起来了，腿伸得很长。

扫码看视频 4－16－2

教师：跳舞的时候，身体的哪些部位发生了变化？是怎么变化的？注意观察人物头部、躯干和四肢的变化。

幼儿：脚发生了变化。

幼儿：胳膊发生了变化。

数字化支持：播放课件中的视频，请幼儿有目的地观察视频中人物的动作变化。

图 4－16－7　　　　　　　　　图 4－16－8

**2. 请个别幼儿在白板上绘画人物的动作。**

教师：除了跳舞，你还想让你的锡纸小人做些什么呢（图 4 - 16 - 9）？

幼儿：我想让我的小人举重、跑步、跳绳……

教师：小人在做这些事情的时候，四肢是什么样子的呢？

幼儿：举重的时候，两只胳膊举得高高的（图 4 - 16 - 10），两条腿稍微分开一点儿。

幼儿：跑步的时候，小人一只胳膊在前面，另一只胳膊在后面，腿也是，一条腿在前面，另一条腿在后面。

幼儿：跳绳的时候，两只胳膊是弯着的，手里拿着跳绳。

图 4 - 16 - 9

图 4 - 16 - 10

**3. 请幼儿自由摆弄可以活动的小人操作板，尝试变化不同的姿势。**

教师：桌子上有一个神奇的小人，它的胳膊和腿都可以扭动（图 4 - 16 - 11）。你可以扭动小人，给小人摆一个姿势，让你的好朋友猜一猜小人在做什么事情。请小朋友们尝试一下吧（图 4 - 16 - 12)！

图 4 - 16 - 11

图 4 - 16 - 12

**4. 幼儿与同伴交流，分享自己的想法。教师请个别幼儿到前面展示小人不同的动作。**

幼儿：我让我的小人举重，就是还没举上去。

幼儿：我的小人在跳舞。跳舞的时候，她的手还提着裙子。

幼儿：我的小人在跳绳。他的两只胳膊举起来了，手里还握着跳绳。

幼儿：我的小人在跑步，他的手里拿着接力棒。

数字化支持：通过白板课件的画笔功能，让幼儿给小人添画不同的动作，了解小人四肢的变化。教师引导幼儿摆弄活动小人操作板，了解小人的姿态变化，为后续的锡纸小人制作打好基础。

### (四) 幼儿用锡纸创作不同姿态的小人

1. 提醒幼儿注意保持桌面的整洁，能够安全使用剪刀，养成良好的手工制作习惯。

2. 教师重点观察幼儿在操作中能否顺利地制作小人的四肢，并给予适当的指导和帮助。

3. 请幼儿将不同造型的锡纸小人用双面胶固定在纸板上。

4. 引导幼儿自主选择辅助装饰材料。

教师：你的小人手举得高高的，他在做什么呢？

幼儿：我的小人在举重。

教师：那杠铃是什么样子的？你想用什么材料制作小人举重用的杠铃呢？

幼儿：我想用吸管做那根棍儿，再用两个小毛球当做杠铃吧！

教师：你的想法真不错！快去找找你需要的材料，动手制作吧！

指导要点：

(1) 幼儿在制作时，教师可以将活动小人操作板放在桌子上，供幼儿摆弄、参考。

(2) 教师对制作有困难的幼儿给予支持，帮助能力弱的幼儿明确自己的制作方法，更好地体验制作过程，感受制作结果。

### (五) 分享与交流

将幼儿作品集中摆放在展板上，引导幼儿互相欣赏。

教师：小朋友们制作的锡纸小人分别做着什么动作？你最喜欢哪个锡纸小人？为什么（图 4-16-13）？

幼儿：我最喜欢这个跳舞的锡纸小人，她的裙子很漂亮，她的手还提着裙子呢！

幼儿：我喜欢这个锡纸小人。这个小人举着拍子，在打球。

教师随机点评，表扬大胆表现锡纸小人动态的幼儿（图 4-16-14）。

图 4 - 16 - 13

图 4 - 16 - 14

**幼儿作品** （图 4 - 16 - 15 ～图 4 - 16 - 18）

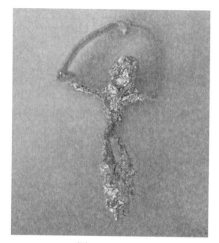

图 4 - 16 - 15

图 4 - 16 - 16

图 4 - 16 - 17

图 4 - 16 - 18

**活动延伸**

1. 将锡纸材料投放到美工区，引导幼儿继续创作不同造型的锡纸小人。

2. 将幼儿制作的锡纸小人投放到图书区，引导幼儿利用不同姿态的小人创编故事并讲述。

**活动反思**

大班幼儿在参与手工制作活动时，喜欢独自操作和摆弄，自我意识很强。因此，在开展制作活动时，我选择既能让幼儿获得成功的体验，又有一定挑战性的内容，让不同能力与水平的幼儿都可以根据自己的能力选择材料，创造性地表达与表现。

**1. 从选材上看，本次活动选择了贴近幼儿生活的主题。**

从操作难度上看，幼儿可以表现小人的各种姿态，制作小人的难易程度由幼儿自我调控。从目标达成度来看，根据《指南》中对大班幼儿艺术领域的要求，幼儿能用身体去感受运动员的肢体动作，并用美工材料进行创作与表现，活动的三个目标都能基本达成。在幼儿感受活动小人的动作时，我担心幼儿操作时间不够，只让两个小朋友模仿了运动员的姿势。因此，幼儿的肢体动作体验较少、创作出来的小人姿态不够丰富。

**2. 从活动准备方面看，丰富的材料和层层递进的环节设计使得活动效果达到了预期。**

本次活动为幼儿提供了丰富的材料，保证幼儿可以自选所需要的制作材料。活动中还投放了活动小人操作板，方便幼儿摆弄并设计小人的动作，促进同伴间的学习。幼儿通过尝试摆弄活动小人，发现了小人的不同姿态。作品展板的提供也为幼儿边玩自己的锡纸小人边和同伴交流提供了便利的条件。从活动设计来看，设计了层层递进的环节，幼儿从观看视频到自己动手操作、体验，最后用各种材料来表现，整个活动较为完整。从幼儿作品来看，幼儿通过简单弯曲或揉搓锡纸等操作，就能表现出人物不同的动态，活动效果非常好！

# 第五章 大班下学期活动案例

## 活动一 手工制作：如果动物会跳舞

### 教师：朱培培

**活动目标**

1. 观察自制玩具，探索舞龙手工作品的制作方法。
2. 大胆想象、创作有趣的动物造型。

扫码看彩图 5-1-1

3. 乐于与同伴分享自己的美术作品，体验手工制作的乐趣。

**活动重点**

通过观察、尝试与探索，掌握舞龙手工作品的制作方法。

**活动难点**

能巧妙地利用"纸环"的特性，大胆创意制作有趣的动物造型。

**活动准备**

1. 经验准备：
（1）幼儿熟悉各种常见动物的基本特征且会画该动物。
（2）班里开展过制作提线玩具的活动。
（3）幼儿有一定的折纸经验，会对称剪纸。
2. 数字化资源准备：视频 5-1-1《如果动物会跳舞》（白板课件）、视频 5-1-2《舞动的纸龙》作品表演、视频 5-1-3《龙身的制作方法》（手工微课）、视频 5-1-4《龙头和龙尾的制作方法》（手工微课），音频 5-1-1《遇见》、音频 5－1－2《金蛇狂舞》。

3. 物质准备：黑色起稿笔、水彩笔、油画棒、胶棒、双面胶、彩色卡纸、剪刀、纸杯（图 5－1－1），自制能舞动的纸龙成品（图 5－1－2），一次性筷子。

图 5－1－1

图 5－1－2

**活动过程**

### （一）情景表演"舞龙"，激发兴趣

教师播放视频 5－1－1《如果动物会跳舞》（白板课件）（参看视频 5－1－1），营造欢乐、喜庆的新年气氛，伴随着喜庆的音乐，引导幼儿近距离观察并发现舞龙时龙身的姿态变化。

扫码看视频 5－1－1

教师：小朋友们，你们知道明年是什么生肖年吗？

幼儿：是龙年。

教师：没错，就是龙年！今天，老师为你们准备了一个小节目。请小朋友们仔细观看。

重点提问：请小朋友们猜一猜，视频里表演的是什么节目（图 5－1－3）？

幼儿：舞龙。

重点提问：这只舞动的龙哪里有趣（图 5－1－4）？

幼儿：这条龙会动！

追问：这条龙的哪里会动？

幼儿：龙的身体会动。

追问：它能怎么动？

幼儿：龙的身体会弯曲，可以盘在一起。它还可以回头。

教师：你们想不想知道这里的秘密？让我们快来找一找吧！

图 5-1-3

图 5-1-4

环节目的：营造舞龙热闹、喜庆的氛围，引导幼儿注意观察龙身摆动时的变化，激发幼儿参与活动的兴趣。

### （二）尝试探究纸龙的制作方法

教师播放视频 5-1-2《舞动的纸龙》作品表演（参看视频 5-1-2），引导幼儿仔细观察纸龙的制作方法，尝试折一折、剪一剪、贴一贴（图 5-1-5、图 5-1-6）。

扫码看视频 5-1-2

**1. 幼儿尝试探索纸龙的制作方法。**

重点提问：猜一猜，纸龙是用什么形状的纸做的？

幼儿：长方形的卡纸。

追问：它是怎么做出来的？

环节目的：引导幼儿通过观察，尝试探索制作纸龙的折法和剪纸的方法。

**2. 集体讨论，个别幼儿分享自己的发现。**

引导幼儿仔细探究纸龙身体的连接方法，重点观察长方形卡纸的使用方法。

重点提问：纸龙的身体是怎么做的？为什么有的小朋友制作的纸龙身体细长，有的短粗？

幼儿：因为纸张长短不一样。

小结制作方法：

（1）折法：先将纸张的长边与长边对折，再把粘贴在一起的两条长边折出折痕。

（2）剪法：从对折的边向折痕方向剪，剪成一条一条的。要求剪出来的纸条一样宽。

（3）粘法：把有折痕的短边露在外面，与另一条短边叠加并粘贴在一起。

环节目的：引导幼儿通过观察，学习长方形卡纸的使用方法，为后续制作纸龙做准备。

数字化支持：教师巡回指导过程中，随时将幼儿在制作过程中遇到的问题和好的方法录制成视频或拍照，在希沃白板课件上投屏分享，以便达到经验共享的目的。

**3. 探讨龙头和龙尾的制作方法。**

教师播放视频5-1-3《龙身的制作方法》（手工微课）（参看视频5-1-3）、视频5-1-4《龙头和龙尾的制作方法》（手工微课）（参看视频5-1-4），引导个别能力较弱的幼儿进行细致观察，进一步探索纸圈和双面龙的做法。

扫码看视频5-1-3　　　　扫码看视频5-1-4

教师：这条纸龙的两侧都能看到龙头和龙尾，是用什么方法做出来的？

小结纸圈和双面龙的制作方法。

数字化支持：对于个别能力较弱的幼儿，可以观看视频《龙身的制作方法》和视频《龙头和龙尾的制作方法》，帮助其拓展思路、丰富经验，引导幼儿模仿制作。

图5-1-5　　　　　　　　　　　图5-1-6

### （三）发挥想象，创意其他有趣的动物造型

教师在巡回指导中，倾听幼儿有趣的想法，帮助幼儿发现各种常见动物不同的身体特征，将特殊的身体部位与纸环相结合，引导幼儿借形想象。

重点提问：能动的纸环除了能做龙的身体，还能做什么动物的身体？

幼儿：可以做鳄鱼、海豚、毛毛虫等动物的身体。

追问：纸环除了能做动物的身体，还能做动物的什么部位？

幼儿：脖子、鼻子、腿（图5-1-7、图5-1-8）。

教师：你想请哪个动物来表演？你想让它哪里能动？

幼儿：我想请大象来表演。我想让它的长鼻子随着音乐的节奏摇来摇去的。

图5-1-7

图5-1-8

### （四）幼儿制作，教师指导

教师在幼儿创作过程中，播放音频5-1-1《遇见》，引导幼儿注意操作步骤的先后顺序及如何表现动物的身体特征。

扫码听音频5-1-1

**1. 先构思，画出动物主体，再制作能动的部位。**

教师：小朋友们在操作前要先构思，想好自己要制作什么动物，想要让它的哪个部位能动（图5-1-9）。

**2. 制作时，依据画出动物的大小调整会动部位的比例。**

教师：绘画动物时，要注意把动物身体能动的那个部位的特征画得大一些（图5-1-10）。

**3. 操作时，注意安全，保持桌面、地面环境整洁、卫生，节约用纸。**

教师：小朋友们要注意节约用纸，使用剪刀时要注意安全，保持桌面、地面环境整洁。

**4. 鼓励幼儿相互合作与学习。**

教师：如果小朋友们在操作过程中遇到了一些问题，可以随时和同伴交流，请同伴帮助你。

环节目的：幼儿在与同伴合作制作纸环小动物的过程中，可以与同伴简单地交流。同伴间的交流不仅可以帮助幼儿提升已有经验，还能帮助幼儿拓宽创作思路。

数字化支持：教师可以利用多媒体辅助教学，如播放视频《龙身的制作方法》（手工微课），引导、帮助个别幼儿完成纸环的制作，丰富作品细节。同时，播放音频《遇见》，营造轻松、愉快的美术创作氛围。

图 5 - 1 - 9

图 5 - 1 - 10

### （五）展示作品，分享创意

教师播放音频 5 - 1 - 2《金蛇狂舞》，营造热闹、欢快的气氛，允许幼儿以多种方式展示自己的作品，欣赏自己和他人的作品。

扫码听音频 5 - 1 - 2

**1. 分组展示：同伴间互相欣赏并讲述自己的纸环动物作品。**

教师：你可以欣赏一下其他小朋友的纸环动物作品，猜一猜纸环动物哪里会动。

**2. 集体讲评：个别幼儿分享纸环动物作品，讲述其制作方法和创意。**

提问：你做的是什么动物？它哪里会动？

小结：小朋友们都能借形想象，将纸环的外形特征与动物的外形特征相结合，制作出不同造型的纸环动物作品，你们的作品也非常有创意（图5-1-11）！如果你想继续丰富自己的纸环动物，可以到美工区继续创作。

环节目的：播放音频《金蛇狂舞》，营造热闹、欢快的气氛，引导幼儿与同伴分享，讲述自己的手工作品，了解他人的创意，让幼儿感受成功的喜悦。

图 5 - 1 - 11

**幼儿作品** （图 5 - 1 - 12～图 5 - 1 - 15）

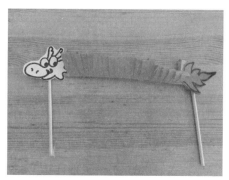

图 5 - 1 - 12

图 5 - 1 - 13

图 5 - 1 - 14

图 5 - 1 - 15

**活动延伸**

1. 在表演区，幼儿可以利用纸环动物作品创编并表演故事。

2. 教师录制幼儿表演的视频，并将其制作成相应的二维码，附在作品上，便于其他幼儿观看、欣赏。

**活动反思**

**1. 活动设计思路。**

本次活动，教师以幼儿生活中见过的"舞龙"活动视频导入，以探究"舞动的龙"的制作方法为活动主线，串联各个活动环节，让幼儿在玩中学习、在玩中创作，初步体验用纸环创作不同的动物造型，感知纸环的外形特征与动物某个外形特征相似，进而创作出不同部位能动的动物纸环作品。同时，本次美工活动让幼儿体验到制作能动的手工作品带来的新奇与有趣，以及获得成功的喜悦。

**2. 活动内容的选择。**

活动以"舞动的龙"导入，提高了幼儿参与手工制作活动的兴趣，让他们开始关注各种动物的外形特征。为了发散幼儿思维、开拓幼儿创作思路、丰富幼儿创作经验，本次活动运用了数字化教学的方式、方法，鼓励幼儿大胆创新，制作出不一样的纸环动物。教师鼓励幼儿借形想象，通过拼一拼、比一比、摆一摆、画一画、粘一粘等多种方法，将会动的纸环与动物的外形特征进行叠加联想。

**3. 活动过程的开展。**

在活动中，教师始终遵循"幼儿在前、教师在后"的教育理念，尊重幼儿的想法，鼓励幼儿大胆创意、自由创作，在幼儿需要帮助时及时给予指导。

在幼儿作品欣赏环节中，教师利用多媒体的教学手段，及时地在希沃白板课件上以投屏的方式向幼儿展示作品，并利用放大镜功能放大局部细节，便于幼儿细致观察。在作品交流环节中，教师采取了小组互评和集体讲评的方式，引导幼儿发现同伴作品中的亮点，鼓励幼儿在今后的创作活动中将好的创意和方法运用到自己的作品创作中。

## 活动二　剪影水粉画：美丽的星空

教师：孙雅琦

扫码看视频 5-2-1　　　扫码看彩图 5-2-1

**活动目标**

1. 欣赏星空之美，能够大胆想象星空下发生的有趣故事。

2. 运用渲染、喷溅、剪影等手法创作出属于自己的、独一无二的星空想象画。

3. 体验用剪影和水粉画创作表现星空想象画的快乐。

**活动重点**

能熟练运用水粉绘画方法表现星空下有趣的情景。

活动难点

能够使用不同的美术工具和材料，表现夜空中美丽的星星。

活动准备

1. 经验准备：学习过水粉绘画的基本创作方法，会画简单的人物和动物，了解画面中简单的物体比例关系。

2. 数字化资源准备：视频5-2-1《美丽的星空》（实录课）、视频5-2-2《美丽的星空》（白板课件），音频5-2-1《星空》（背景音乐）。

3. 物质准备：白色、黑色、黄色水粉颜料等，水粉笔，自选绘画星星的材料（如牙刷、纸团、棉签等），收纳筐、小碗（图5-2-1），绘画好的星空纸人手一张（图5-2-2）。

图5-2-1

图5-2-2

活动过程

（一）初步了解星空的颜色，知道夜晚星空的样子

教师播放视频5-2-2《美丽的星空》（白板课件）（参看视频5-2-2），引导幼儿观察并欣赏浩瀚的星空摄影作品，了解星空的颜色及星空中有什么（图5-2-3、图5-2-4）。

扫码看视频5-2-2

教师：小朋友们，你们看过夜晚的天空吗？它是什么样子的？天空中有什么呢？

幼儿：有星星。

教师：那你觉得天空是什么颜色的？

幼儿：粉色、橘色、蓝色、紫色的。

教师（播放课件中的视频）：让我们一起欣赏摄影师拍摄的美丽星空吧！

教师：在视频里，你都看见了什么颜色的星空？

图 5 - 2 - 3

图 5 - 2 - 4

幼儿：橘粉色的星空。

幼儿：蓝粉色的星空。

幼儿：浅绿色和白色的星空。

教师：你们知道星空中那些白色的点点是什么吗？

幼儿：是星星。

教师：咱们看到的是小小的星星。它在宇宙里是什么样儿的？

幼儿：是大大的星球。

小结：原来宇宙里有很多像太阳一样能发光、发热的大大的星球，因为它们离我们太远了，所以我们在地球上只能看到许多小小的星星。

环节目的：引导幼儿回顾有关星空的印象，观察摄影师拍摄的星空图片，说说星空是什么颜色的和星空里有什么。

数字化支持：播放星空摄影师拍摄的视频，引导幼儿细致观察。

### （二）欣赏星空剪影图片，说一说发生的趣事

教师播放视频 5 - 2 - 2《美丽的星空》（白板课件）中星空剪影的图片，引导幼儿观察，猜想星空下会发生什么有意思的事情，引导幼儿分别说一说地点在哪里、画面中都有谁、发生了什么事情（图 5 - 2 - 5、图 5 - 2 - 6）。

图 5 - 2 - 5

图 5 - 2 - 6

重点提问：在美丽的星空下，会发生什么有趣的事情呢？这是在哪里发生的趣事？

教师（指着第一幅图）：你看到这幅画中的人是在哪里？发生了什么事情？

幼儿：有一个人站在大树下。

幼儿：他在看星空呢！

幼儿：我觉得他是站在公园的大树下看星空的。

教师（指着第二幅图）：你觉得这幅图是在哪里？平平的地面，你觉得画面中的人站在了哪里？

幼儿：我看到有两个人，是爸爸抱着宝宝，站在树下，欣赏星空。

教师：你觉得他站在哪里呢？

幼儿：在草地上。

教师带领幼儿一起观察第三幅图片。

教师：你觉得这个人站在了哪里？

幼儿：站在车顶上。

教师：你们觉得他的车在哪里啊？

幼儿：在马路上。

教师：因为路是平平的，所以你们觉得他是在马路上欣赏星空。

教师带领幼儿一起观察第四幅图片。

教师：那这些小朋友在哪里呀？

幼儿：在草地上。

教师：在草地上，这些小朋友在做什么呢？

幼儿：在放风筝。

教师：那为什么这些人都是黑黑的呢？

幼儿：因为天太黑了，也没有灯光，都看不清人身上穿的衣服是什么颜色的，所以都是黑黑的。

小结：原来在夜空下，没有灯光，看不到人物和周围物体的颜色，所以这些事物都是黑色的。

环节目的：通过重点提问，引导幼儿观察、发现星空下发生的事情。

数字化支持：教师通过课件展示星空下剪影的图片，引导幼儿细致观察。

### （三）通过讨论，发散思维

**1. 幼儿与同伴讨论，发挥想象力，大胆地描述自己的想象。**

重点提问：如果你拥有这样一片美丽的星空，你觉得会是在哪里呢？星空下，又会发生什么有趣的事情呢？请你和身边的小伙伴说一说吧！

重点引导幼儿说一说地点、人物以及发生了什么事情（图 5 - 2 - 7、

图 5 - 2 - 8），帮助幼儿梳理绘画内容。

幼儿：在星空下的草丛里，有一只小蚂蚱，它想在大树下欣赏星空。

幼儿：我想和好朋友在星空下的草地上放风筝。

幼儿：在大森林里，我和好朋友在看夜晚的星空。

幼儿：我在城市里，和爸爸一起在马路上欣赏星空。

幼儿：在草丛里，有一个人在欣赏星空。

教师：谁来和大家说一说，分享一下你的想法？

幼儿：我和爸爸在马路上欣赏美丽的星空。

幼儿：我和好朋友一起在森林里欣赏美丽的星空。

图 5 - 2 - 7　　　　　　　　图 5 - 2 - 8

**2. 介绍绘画星星的材料。**

教师向幼儿介绍用来表现星星的绘画工具和材料，引导幼儿自选材料来表现不同的星星。

教师：我准备了一些绘画工具和材料，用来表现美丽的星空。小朋友们可以自己选择喜欢的方式画一画。当你们画好了星空下有趣的事情后，可以选一种材料来表现星星。

教师：你们可以用手拿着蘸有水粉颜料的刷子，敲一敲手腕，创作点点繁星；可以用牙刷蘸上颜料，再用手指拨动牙刷上的毛，喷溅出许多的星星；可以用棉签蘸上一些颜料，点一些小点点；也可以用纸球蘸上颜料，在星空里沾一沾。

环节目的：通过重点提问和小组讨论，引导幼儿大胆地和同伴说一说自己想象的星空下发生的事情，交流自己构思的画面内容。

**（四）幼儿分组绘画，教师巡回指导**

**1. 听音乐，大胆绘画。**

教师播放音频 5 - 2 - 1《星空》（背景音乐），引导幼儿大胆绘画作品《美丽的星空》，表现自己的想法

扫码听音频 5 - 2 - 1

（图 5 - 2 - 9、图 5 - 2 - 10）。

　　教师：你想画什么？

　　幼儿：我想和我的好朋友一起坐在草地上看星空，我们的旁边还有一只小猫咪。

　　教师：和好朋友在一起可真快乐！你想让小猫咪站在哪里呢？

　　幼儿：小猫咪在我们的身边，它是坐着的，比我们矮一些。

　　教师：你想画些什么呢？

　　幼儿：我想和爸爸一起在电视塔旁边看星空。

　　教师：那电视塔可是很高很高的呢！

　　幼儿：我知道，我要把电视塔画得非常高，我和爸爸就站在它的旁边。

图 5 - 2 - 9　　　　　　　　　　　　　　图 5 - 2 - 10

**2. 解决绘画过程中出现的问题。**

　　在绘画过程中，幼儿出现的问题主要有以下几点，教师针对这些问题进行了重点指导（图 5 - 2 - 11、图 5 - 2 - 12）。

　　（1）想象力丰富，画面简单。

　　指导：请幼儿讲述自己构思的画面内容，教师通过追问，鼓励幼儿添画相应的细节，表现出生动、有趣的故事情节。

　　（2）画不出事情发生的场景。

　　指导：教师在幼儿绘画时追问其设想的故事情节，引导幼儿画出事情发生的有趣场景。

　　（3）幼儿之间相互模仿，作品趋同。

　　指导：接纳幼儿绘画的趋同行为，与幼儿沟通绘画内容，鼓励幼儿有独特的想法。

　　环节目的：了解幼儿构思的画面内容，帮助他们梳理、总结绘画方法，将创意落实到绘画中，解决想到却画不出来的问题。

图 5-2-11　　　　　　　　　　　图 5-2-12

**3. 引导幼儿创作夜空中的繁星。**

教师在幼儿画好星空下发生的故事后，引导幼儿大胆尝试使用多种材料创作星星（图 5-2-13、图 5-2-14）。

（1）教师：画好的小朋友们快去挑选一些材料，画星星吧！

（2）介绍创作繁星点点的方法。

①喷溅法：先将蘸满颜料的水粉笔的正面垂直对着画纸，左手执笔，右手用食指将水粉笔的毛刷往上拨动，让排笔的毛刷向下弹，这样水粉笔的毛往下的时候，颜料就会落在星空画纸上，呈现星星点点的喷溅形状。

②甩笔法：使用两根水粉笔，一支笔蘸满颜料后，将两支笔的笔杆相互敲击，振动笔杆，让毛笔上的颜料落在星空画纸上，呈现星星点点的样子。

③牙刷法：将牙刷蘸满颜料后，在画面上用手指拨动牙刷的刷毛，让颜料弹落在星空画纸上，表现繁星点点的样子。

④棉签法：用棉签蘸取白色的颜料，点涂在画面上，表现较大的星星。

⑤纸团法：将卫生纸团成纸团，蘸取颜料，按压在画面上，表现群星的样子。

图 5-2-13　　　　　　　　　　　图 5-2-14

**（五）展示作品，分享与交流**

**1. 幼儿自愿分享作品。**

请幼儿自愿分享自己的作品，其他幼儿欣赏与交流。

教师：谁想跟大家分享一下自己的作品？说一说你的星空下发生了什么有趣的故事。

幼儿：我站在游乐园的摩天轮下，欣赏着美丽的星空。

幼儿：我和爸爸在电视塔旁边，看着美丽的星空。

教师：你们看，他的画里都有什么呀？

幼儿：电视塔，还有他和他的爸爸。

**2. 推选喜欢的作品并分享。**

大家推选出喜欢的作品，共同分享（图5-2-15、图5-2-16）。

教师：咱们一起来看看桐桐的作品。你们猜猜她画的是什么故事。

幼儿：我看到有两个小朋友。

幼儿：还有一只小猫咪。

教师：那让桐桐来讲一讲吧！

幼儿：这是我和我的好朋友，旁边还有一只小猫咪。我们一起在草地上看美丽的星空。

教师：你们发现，她的星空里有一个圆圆的什么呀？

幼儿：有一个圆圆的月亮。

教师：原来，夜空中不仅有亮晶晶的星星，还有美丽的月亮。

图5-2-15

图5-2-16

**幼儿作品**（图5-2-17～图5-2-20）

图5-2-17

图5-2-18

图 5 - 2 - 19    图 5 - 2 - 20

**活动延伸**

1. 开展剪影《星空下的我》手工制作，将画出来的人物、动物及周围的事物用黑色剪纸的形式表现出来。

2. 开展《星空下的森林》《星空下的我们》等多种主题绘画活动。

**活动反思**

本次活动旨在用水粉画的创作方法绘画星空下有趣的事情，培养幼儿的观察与表达能力，以及他们的手眼协调能力和绘画技巧。

**1. 活动准备方面。**

教师准备好了各种绘画工具，以及供幼儿欣赏的星空视频和星空下剪影的图片。教师在引导幼儿绘画星星时，提供了多种材料，供幼儿选择，让幼儿能用多种工具、材料或不同的表现手法来表达自己的感受和想法。

**2. 教学策略方面。**

教师通过提问与追问幼儿，帮助幼儿在绘画过程中抓住重点，理清创作思路，如，"你在什么地方欣赏星空""你和谁在一起"等，引导幼儿按照自己的思路进行绘画。教师还在幼儿有需要的时候及时给予必要的帮助和指导。

**3. 教学总结方面。**

教师鼓励幼儿积极展示自己的作品，互相欣赏，赞美有创意的作品。最后，在反思与总结环节，教师与幼儿一起回顾了整个活动，帮助他们思考如何改进和提高绘画技巧。通过这样的教学过程，幼儿能提高观察和表达能力，培养创造力和想象力，同时，也增强了他们的自信心。

《指南》中指出："艺术是人类感受美、表现美和创造美的重要形式，也是表达自己对周围世界的认识和情绪态度的独特方式。"幼儿对事物的感受和理解不同于成人，他们表达自己的认识和情感的方式，也有别于成人。幼儿独特的笔触、动作和语言往往蕴含着丰富的想象和情感。因此，教师应对幼儿的艺术表现给予充分的理解和尊重。每个幼儿心里都有一颗美的种子。教师应为幼儿创造艺术表现的条件和机会，让幼儿萌发美的感受和体验，提高其想象力和创造力，引导幼儿学会用心灵去感受和发现美，用自己喜欢的艺术表现方式去表现美和创造美。

# 活动三　超轻泥泥工：民族图腾柱

### 教师：侯　瑶

### 活动目标

1. 感知、欣赏有关少数民族图腾柱的相关图片，感受图腾柱夸张的艺术风格，能创造性地表现其造型特点。

扫码看彩图 5-3-1

2. 通过欣赏、讨论、体验等方式，获得表现各种图腾形象的经验，能大胆表现图腾中人物面部的不同表情。

3. 初步了解图腾柱的含义，感受少数民族独特的民族文化。

### 活动重点

通过欣赏、讨论、体验等方式，获得表现各种图腾形象的经验，能大胆地表现图腾中人物面部的不同表情。

### 活动难点

能够运用泥工的形式大胆且创造性地表现人物面部特点。

### 活动准备

1. 经验准备：欣赏过介绍少数民族及其文化的视频和图片，对少数民族的习俗有初步的了解。

2. 数字化资源准备：视频 5 - 3 - 1《民族图腾柱》（白板课件）。

3. 物质准备：超轻泥、彩色羽毛、毛根、纸杯、剪刀、彩色纸、收纳筐（图 5 - 3 - 1），黑色卡纸、水彩笔。

图 5 - 3 - 1

扫码看视频 5 - 3 - 1

**活动过程**

**（一）观看视频，了解图腾柱的基本结构和样式**

教师播放视频 5 - 3 - 1《民族图腾柱》（参看视频 5 - 3 - 1），引导幼儿观察图腾柱的相同与不同，了解图腾柱的基本结构和样式（图 5 - 3 - 2、图 5 - 3 - 3）。

图 5 - 3 - 2

图 5 - 3 - 3

教师：今天，老师带着小朋友们去参观少数民族最神秘的图腾柱，一起来看看吧！

教师：你们在图腾柱上看到了什么？这些柱子有什么共同的特点吗？

幼儿：我看到了这些图腾柱上都有人的脸。

幼儿：我看到了牛，那个人下面还有一头骑着的牛。

教师：这些图腾柱的不同之处是什么？

幼儿：人脸上的表情不一样。

幼儿：我知道，我看到的牛也不一样，一头是黑色的牛，一头是彩色的牛。

幼儿：这些图腾柱上的花纹也不一样，特别漂亮！

小结：这些图腾柱上有各种各样的人物和动物，它们一个一个地竖着呈现，人物的表情各不相同，图腾柱上装饰的花纹和颜色也不同。

环节目的：创设找相同与不同的游戏情境，导入活动，吸引幼儿的注意力，激发其参与活动的兴趣。

数字化支持：白板课件出示两种不同类型的图腾柱，引导幼儿对比观察图腾柱的相同与不同之处，初步感知图腾柱的结构、样式等特点。

### （二）观察图片，感受图腾艺术

教师播放视频 5-3-1《民族图腾柱》（白板课件），引导幼儿观察图腾柱的局部图片，感受图腾柱夸张的艺术风格（图 5-3-4、图 5-3-5）。

图 5-3-4

图 5-3-5

**1. 逐一观察人像的表情，了解图腾柱上造型夸张的表现手法。**

教师：这么多威武的人像图腾柱，你觉得哪个最有意思？为什么？

幼儿：我喜欢那张人脸，他还做了个鬼脸，他在吐舌头。

**2. 模仿图腾柱上人物的表情，激发幼儿创作思路。**

教师：请你学一学图腾柱上人物的表情。除了这些人物的表情，图腾柱上还有哪些装饰呢？

小结：图腾柱上的人物表情非常夸张，色彩艳丽，有的图腾柱还用花纹进行了装饰。

环节目的：通过观察、讨论、模仿人物表情，发现人像图腾柱上人物表情夸张的特点。

数字化支持：通过白板课件出示不同的人像图腾柱，利用拖拽、放大等功能，放大图腾柱上人物的表情及花纹等细节，引发幼儿思考。

### （三）了解图腾柱的含义

教师播放视频5-3-1《民族图腾柱》（白板课件）的中间部分，引导幼儿了解图腾柱的含义，拓宽幼儿的创作思路（图5-3-6、图5-3-7）。

教师：为什么他们要在自己家门口摆上这样的图腾柱呢？

小结：原来少数民族的图腾柱上刻画的大多是神话传说、人物形象、动物图案等。这些图腾柱被视为神明的象征，是保护家庭和村落的重要神器。

环节目的：初步了解图腾柱的含义，感受少数民族独特的民族文化。

数字化支持：播放视频，引导幼儿观看，从中寻找答案，了解图腾柱的含义。

图5-3-6

图5-3-7

### （四）思考制作内容

教师提出创作要求，引导幼儿设想自己的制作内容并与同伴交流。

教师：今天，咱们也来做一个神秘的图腾柱吧！

教师：想一想，你想用什么材料来做图腾柱？做一个什么表情或者形象的图腾柱？请你和你的好朋友说一说。

### （五）幼儿自由创作

教师鼓励幼儿将自己的想法大胆地画在纸杯上并装饰。

教师：请你大胆尝试，设计出样子夸张、有趣、与众不同的图腾柱，把它画在纸杯上，再用不同颜色的超轻泥和其他材料装饰一下你的图腾柱吧（图5-3-8、图5-3-9）！

图 5 - 3 - 8

图 5 - 3 - 9

## （六）欣赏与评价

幼儿先介绍自己的作品，再欣赏同伴的作品，并说一说自己喜欢同伴作品的哪个部分。

教师：我们来欣赏一下其他小朋友的作品。你最喜欢哪个作品？为什么？

小结：小朋友们向大家介绍了自己喜欢的图腾柱，还发现了图腾柱上人脸的特征，有的是圆圆的眼睛，有的是夸张的表情，能够让族人不再害怕，变得勇敢起来。

环节目的：鼓励幼儿介绍自己的作品，支持幼儿尝试评价同伴的作品。

数字化支持：利用白板课件的投屏功能，将幼儿作品拍照、上传，投屏展示。

**幼儿作品** （图 5 - 3 - 10～图 5 - 3 - 13）

图 5 - 3 - 10

图 5 - 3 - 11

图 5 - 3 - 12

图 5 - 3 - 13

**活动延伸**

1. 引导幼儿和家长共同收集少数民族的资料，进一步了解少数民族不同的图腾柱表达的含义不同。

2. 鼓励幼儿利用其他的艺术形式创意表现图腾柱（如纸工、绘画、拓印等）。

**活动反思**

"有趣的图腾柱"是一次泥工美术活动。我在设计教学环节的时候，反复思考该如何让幼儿深刻地认识图腾柱并乐于创作图腾柱。

我应用信息技术开展了本次教学活动，并结合幼儿在活动中的表现进行了反思。

**1. 在导入环节出示两幅图腾柱图片，调动幼儿的兴趣及相关生活经验。**

在导入环节，我创设了"找不同"的游戏，引导幼儿仔细观察两幅图腾柱图片，找出图腾柱的不同之处，对比发现人物夸张的表情特征。

**2. 出示局部图腾柱图片，引发幼儿细致观察，发现图腾柱夸张的艺术风格。**

我利用白板课件的放大镜和拖拽等功能，让幼儿变换不同角度对图腾柱进行细致观察，引导幼儿了解图腾柱上有不同的动物和人物，其表情与外形都很夸张，且色彩艳丽。

**3. 借助多媒体教学方式，引导幼儿大胆创新与想象。**

我播放介绍少数民族图腾文化的视频，请幼儿细致观察，讨论图腾柱上各种造型夸张表现的原因，初步了解图腾柱的含义，鼓励幼儿尝试设计图腾柱。在作品展示与分享环节，我利用希沃白板课件的投屏功能，将幼儿作品拍照、上传到白板上，供幼儿与同伴共同欣赏与评价。

**4. 促进幼儿与白板互动。**

我利用希沃白板课件的共享功能将图腾柱视频分享到群组之中，请幼儿在此基础上进行创意与想象，添画或拼摆出自己的电子图腾柱作品。

# 活动四　透明膜画：手电探秘

教师：何梦雯

扫码看视频 5－4－1　　　　扫码看彩图 5－4－1

### 活动目标

1. 尝试在透明膜上画出想象的场景、人物神态、动作和着装等，创作细节丰富的绘画作品。

2. 敢于大胆想象，丰富画面细节，表现自己想象的故事情节。

3. 体验黑夜中手电筒探秘带来的刺激与快乐。

### 活动重点

能大胆想象，在透明膜上绘画出细节丰富的想象画。

### 活动难点

能在透明膜上画出想象的场景、人物神态、动作和着装等，表现有趣的故事情节。

### 活动准备

1. 经验准备：有基本的绘画经验，会运用黑色笔勾画事物轮廓。

2. 数字化资源准备：视频 5－4－1《手电探秘》（实录课）、视频 5－4－2

《手电探秘》（白板课件），音频 5-4-1《温馨的家》、音频 5-4-2《海浪》、音频 5-4-3《森林狂想曲》、音频 5-4-4《天堂之歌》。

　　3. 物质准备：大小不同的透明膜、黑色卡纸、手电筒形状的白色卡纸、黑色勾线笔、丙烯马克笔、纸杯（图 5-4-1）。

图 5-4-1

扫码看视频 5-4-2

扫码听音频 5-4-1

**活动过程**

**（一）探秘激趣**

　　教师播放视频 5-4-2《手电探秘》（白板课件）（参看视频 5-4-2），播放音频 5-4-1《温馨的家》，创设黑夜的情景，利用视觉和听觉的冲击，激发幼儿参与活动的兴趣。

　　教师：天太黑了！听，这是什么声音？这会是哪里呢（图 5-4-2）？

　　幼儿：感觉很温馨，像是在家里。

　　幼儿：我觉得是谁在床上美美地睡觉呢！

　　教师：让我们用手电筒一起去探秘吧（图 5-4-3）！

　　小结：我们能通过画面中周围环境的展示，猜出这是在哪里。

图 5-4-2

图 5-4-3

环节目的：激趣的同时，引导幼儿通过观察画面中周围环境的布置分辨具体是哪里。

数字化支持：通过倾听音效及希沃白板课件中手电筒的聚光灯功能，观察黑暗中周围环境的布置，增加活动的神秘气氛，激发幼儿参与活动的兴趣。

### （二）观察与发现细节

**1. 观察人物或动物的表情和动作，想象故事情节。**

教师引导幼儿倾听音频5-4-2《海浪》，利用希沃白
板课件中手电筒的聚光灯功能进行手电筒探秘，观察图片中人物、动物的表情和动作，想象有趣的故事情节。

扫码听音频5-4-2

教师：听，这是在哪里？谁想带我们一起去探秘呢（图5-4-4）？

请一名幼儿到一体机前操作，利用希沃白板课件中手电筒的聚光灯功能，通过拖拽、移动，探秘黑色的画面中有什么。

重点提问：你发现了什么？他在干什么？他是什么样子的？

幼儿：我看到了有一个小孩在潜水，他还拿着相机，一只眼睛闭着，另一只眼睛睁着，正在给小鱼照相呢！他还伸出了一个大拇指，像是在说"照得真好看"（图5-4-5）！

图5-4-4

图5-4-5

教师：请你把看到的小朋友的五官和动作用笔圈出来吧！

幼儿：我看见一只大鲸鱼，它的肚子里有好多小鱼。鲸鱼的嘴巴是笑着的，小鱼在鲸鱼的肚子里也很开心，好像是到鲸鱼的肚子里旅行去了。

环节目的：引导幼儿在手电筒探秘的过程中，观察人物和动物的不同表情和动作，从而发现藏在背后的精彩而有趣的事情。

数字化支持：教师借助白板课件中手电筒的聚光灯功
能，引导幼儿细致观察图片细节，用画笔圈出人物和动物不同的表情和动作。

**2. 观察动物的服装和手中的物品，猜测其身份和行为。**

教师引导幼儿倾听音频5-4-3《森林狂想曲》，利用

扫码听音频5-4-3

手电筒探秘的方式观察图片中动物的服装和手中的物品，大胆猜测它在做什么事情。

教师：这张图片是在哪里？谁来带我们去探秘？

请一名幼儿到一体机前操作，探秘黑色的画面中有什么。

重点提问：这是在森林里。这是什么动物？它穿着什么样式的服装？它的手里拿着什么物品？它在干什么呢？请你把它圈出来（图 5-4-6）。

幼儿：这里有一只大狮子，它穿得特别正式，它穿着燕尾服，它的手里还拿着一个话筒，像是在唱歌呢（图 5-4-7）！

图 5-4-6

图 5-4-7

幼儿：我看见两只小兔子，它们穿着漂亮的粉色裙子，一条腿站立，另一条腿抬起来，它们互相对视着，像是在跳芭蕾舞。

小结：在探秘中，我们通过观察动物的着装和身边的物品可以猜测它们的身份，以及在干什么事情。

环节目的：能够在手电筒探秘游戏中发现人物或动物不同的着装和拿着的物品，通过这些可以猜测他们（或它们）的身份和正在做的事情。

数字化支持：利用白板课件中手电筒的聚光灯功能，引导幼儿观察局部画面，通过播放音乐，代入情景，用勾画的方式引导幼儿关注人物或动物的着装和身边的物品。

### （三）抛出问题，引发思考

教师播放视频 5-4-2《手电探秘》（白板课件）结尾部分，播放音频 5-4-4《天堂之歌》，引导幼儿闭眼想象。

重点提问：今天，我们也进行一场黑夜探秘。每个人都可以想象一下，在哪里探秘？人物或动物有怎样的表情和动作？他们（或它们）身上的着装和身边的物品是什么样儿的？请你们听着音乐，闭上眼睛，想象一下（图 5-4-8、图 5-4-9）。

扫码听音频 5-4-4

图 5 - 4 - 8　　　　　　　　　　　　　图 5 - 4 - 9

　　教师：你想到了哪些有趣的探秘场景呢？快和身边的小朋友说一说吧（图 5 - 4 - 10）！

　　幼儿：我想到的是在宇宙里，我正在去月球的路上。我穿着太空服，正飘在宇宙中。我特别惊讶地看着周围的环境，还和我的伙伴分享。

　　幼儿：我想到的是我和爸爸、妈妈去了迪士尼乐园。我穿着哈利·波特的衣服，手里拿着一根魔法棒，正在给路过的人变魔术呢！

　　数字化支持：在白板课件中出示不同场景的图片，引导幼儿想象、思考和讨论。播放不同的音乐，引发幼儿新的想象与思考。

### （四）了解绘画方式，进行绘画创作

　　幼儿将自己想象中的场景和情节，在透明膜上画出来（图 5 - 4 - 11、图 5 - 4 - 12）。

　　教师：请你将自己想象的探秘场景画在透明膜上。之后，咱们一起带着手电筒，去黑夜中探秘吧！

图 5 - 4 - 10　　　　　　　　　　　图 5 - 4 - 11

　　环节目的：教师通过动作演示和讲解，引导幼儿了解绘画透明膜画的步骤和方法。

（五）展示与分享

教师引发幼儿大胆地展示与介绍自己的作品。

教师：请画好的小朋友将你的探秘场所布置好，拿着手电筒去探秘吧！

教师：谁想来和大家分享自己的画作呢？

图 5 - 4 - 12

幼儿：我的画里有好多小猴子在玩呢！这里还有一个大池子，里面都是五颜六色的海洋球，可以在里面玩。还有一只小猴子特别开心！你们看它的表情，它正咧着嘴笑呢！它看见另一只小猴爬到树上去了（图 5 - 4 - 13）。

幼儿：我设计的是"彩虹世界"。在彩虹世界里，有个大坏蛋，它把我的好朋友仙女抓走了，还把她关进了一个笼子里。笼子上面有五个锁孔，要找到五把钥匙，才能成功地救出我的朋友。钥匙分别散落在彩虹世界的各个地方，你们可以找一找这些钥匙都藏在了哪里。我还带着两只独角兽，一只是我的，一只是仙女朋友的。这样，一旦把她救出来，我们就可以骑着独角兽逃跑了（图 5 - 4 - 14）。

图 5 - 4 - 13

图 5 - 4 - 14

教师：请你们拿着手电筒继续去探秘，说说在探秘过程中，你发现了哪些有趣的事情呢（图 5 - 4 - 15）？

幼儿：我在探秘中发现了地下城。那里有好多的窝，里面住着各种各样的动物，有的动物身上还带着好吃的，正在边休息边吃东西呢！

幼儿：我发现有个小朋友在天上飞，天上还有彩虹（图 5 - 4 - 16）。

图 5 - 4 - 15

图 5 - 4 - 16

教师：这些小朋友发现的秘密，你都发现了吗？原来每个人的画中都藏着这么多有趣的事情啊！期待下次再和你们一起探秘吧！

**幼儿作品** （图 5 - 4 - 17、图 5 - 4 - 18）

图 5 - 4 - 17

图 5 - 4 - 18

**活动延伸**

1. 引导幼儿小组合作创作大型透明膜绘画作品，制作长卷绘画故事。
2. 开展探秘绘画展，引导幼儿分享自己的作品，同时欣赏他人的作品。

**活动反思**

**1. 探秘游戏贯穿整个活动。**

本次活动将手电筒探秘游戏贯穿整个活动，利用透明膜的特性进行绘画，再将黑色卡纸放在画好的透明膜画的下方，利用白色的手电筒卡纸进行探秘。活动中的每个环节都运用了音频，增加了场景的代入感，拓宽了幼儿想象的空间，引导幼儿通过逐步深入、细致地观察，了解如何表现丰富的画面细节。

**2. 利用视听双重感官，激发幼儿的想象力。**

本次活动第一个环节通过出示黑色画面和播放音频，引发幼儿的好奇心，让幼儿大胆地猜测画面中的场景。之后，再引导幼儿运用希沃白板课件中手电筒的聚光灯功能，有目的地观察画面的局部，猜测画面的场景。

**3. 解决活动重、难点的策略。**

教师在第二个环节继续播放音频，通过音频的变化带领幼儿进入新的场景和想象之中。之后，利用手电筒聚光灯的功能，让孩子们着重观察人物和动物的表情和动作，通过对表情和动作的分析，猜测他们在做什么事情。

教师在第三个环节加入了《森林狂想曲》的音乐，让整个画面热闹起来。孩子们利用手电筒聚光灯功能探索画面的局部，并用勾画的方式发现不同动物身上的着装和手中的物品，进而猜测动物的身份和正在做的事情。

教师在第四个环节运用截取画面功能，对场景、人物表情、动作、着装、物品进行分析，播放新的音乐，带领幼儿进入想象的空间，在想象中丰富场景、事物和相关的细节。

孩子们通过探秘游戏，学会了利用透明膜画创设神秘的场景与人物、动物，再用手电筒白卡纸进行探秘，知道如何借助画面细节表现丰富的场景和内容，懂得欣赏他人作品的精妙设计与神秘之处。

# 活动五 创想画：未来汽车

### 教师：褚建惠

**活动目标**

1. 尝试运用叠加联想的方法，创意想象具有特殊功能的汽车。
2. 充分发挥对未来汽车特殊功能的想象并大胆表现。
3. 体验创意设计并绘画未来汽车的乐趣。

**活动重点**

扫码看彩图 5-5-1

设计未来的超级汽车，能发挥想象力并大胆绘画自己的创意。

**活动难点**

通过叠加联想，用绘画的方式表现自己设计的具有特殊功能的汽车。

**活动准备**

1. 经验准备：参观过汽车博物馆，对汽车的结构和功能有一定的认识，能够画出生活中的汽车造型。

2. 数字化资源准备：视频 5－5－1《超级汽车趣味动画》，课件 5－5－1《未来汽车》。

3. 物质准备：绘画纸人手一张、合作绘画大纸四张（自选）、水彩笔两人一盒。

**活动过程**

**（一）谈话引入，创意改变生活**

扫码看课件 5－5－1

**1. 教师提问，引发幼儿讨论。**

提问：在生活中，你们见过什么样儿的汽车？

**2. 出示图片，讨论汽车在生活中引发的问题。**

教师出示课件 5－5－1《未来汽车》汽车在生活中引发问题的图片（图 5－5－1、图 5－5－2）。

图 5－5－1          图 5－5－2

教师：你在坐车的时候遇到过哪些不便和问题？你的心情是怎样的？

幼儿：我经常会遇到堵车。很多车都堵在路上，不能走了。

幼儿：有一次，下大雨。路上的车都不敢开了。因为车很怕水，水会淹着汽车的。

幼儿：有一次，我和爸爸想开车出去玩，结果汽车尾号限行，没法去了。

**3. 想象并设计一款超级汽车。**

教师：汽车作为我们生活中的交通工具，可以方便我们出行。可是，有时候，它也会给我们带来一些问题，比如，堵车、汽车尾气污染等。如果让你设计一辆未来的超级汽车，你想设计什么样儿的汽车？它有什么功能？可以帮助我们解决哪些问题？

幼儿：我想设计一辆会飞的汽车，汽车上有像飞机一样的翅膀，这样就不怕堵车了。

幼儿：我想设计一辆不用烧汽油的环保汽车，它能用太阳能充电，不会有黑黑的尾气排放出来，这样就不会污染空气，也就不用限行了。

幼儿：我想设计的车像个变形金刚，它能变成汽车，它的上面还装有很多武器，能帮助我们打坏人。

小结：小朋友们设计的未来汽车都有着不同的功能，能够帮助我们解决生活中的问题，使出行更加便捷。

环节目的：引导幼儿结合生活中经常遇到的与汽车有关的问题，如堵车、燃油贵、尾气排放造成空气污染等，构思可以设计什么样儿的汽车，帮助我们解决这些问题。

数字化支持：出示生活中汽车出行带来不便的照片，调动幼儿的生活经验和感受，激发幼儿设计未来的超级汽车的愿望。

### （二）引发想象，创意未来汽车

**1. 欣赏叠加联想画，发现叠加联想的方法。**

教师出示课件5-5-1《未来汽车》中的叠加联想画，引导幼儿欣赏绘画作品，发现叠加联想的方法。

教师：咱们一起来欣赏几幅未来汽车的绘画作品，看看这些汽车有哪些功能。

幼儿：这辆汽车有翅膀，能飞到天上（图5-5-3）。

教师：这幅作品中的车又有什么功能呢？

幼儿：这辆车像火箭一样，还有发射器。

**2. 图片引导，通过强制连接，进行叠加联想。**

教师：那我们把汽车和老鹰放在一起进行联想，就能想到会飞的汽车。把汽车和火箭放在一起联想，就能想到火箭车（图5-5-4）。还有什么可以和汽车放在一起联想呢？会变成什么样儿的汽车呢？

图5-5-3

图5-5-4

幼儿：可以和大西瓜一起联想，变成西瓜汽车。

幼儿：可以和楼房一起联想，变成多层楼车。

数字化支持：通过图片观察和动态演示，引导幼儿发现和学习叠加联想的方法，激发幼儿大胆想象不同功能的汽车。

**3. 与白板互动，通过叠加联想绘画新型汽车。**

教师出示课件5-5-1《未来汽车》，引导幼儿拖动联想图片，如潜水艇、章鱼、滑雪板、太阳能板等（图5-5-5、图5-5-6），引发幼儿对未来汽车的想象。

图5-5-5

图5-5-6

重点提问：

（1）看到这些图片，你又想到了什么新型汽车？它有什么特殊的功能呢？

（2）除了用汽油作为燃料让汽车跑起来，还能用什么当做能量？

（3）汽车除了能行驶在路上，还能行驶在哪里？（海洋、空中）

教师：老师这里有很多有趣的事物，看到这些图片，你能想到什么新型功能的汽车呢？想好的小朋友到前面来拖动你想的图片，把你想象的新型汽车简单地画下来吧！

幼儿（拖动滑雪板图片）：我看到了滑雪板，把滑雪板和汽车叠加联想，就变成了滑雪车。这辆汽车能在雪地里滑行。我们可以开着它去雪场玩。

教师：这个小朋友的想象很有创意！他把汽车轮子画成了滑雪板，让汽车变成了一辆滑雪车。我们给他拍拍手吧！

幼儿（拖动大螃蟹图片）：我想画一辆带有大螃蟹钳子的车。这是一辆超级维修车，车顶有两个大钳子，能够维修坏了的东西。

教师：需要在你的车顶上画出螃蟹的大钳子。

环节目的：多角度拓宽幼儿想象与创作的思路，可以利用不同事物的图片，有意识地引导幼儿进行叠加联想。

数字化支持：通过拖动不同事物的图片，引导幼儿在操作过程中进行叠加联想，大胆想象各种造型和功能的汽车。

**4. 观看视频，说说自己的感受。**

教师播放视频5-5-1《超级汽车趣味动画》（参看视

扫码看视频5-5-1

频5-5-1），引导幼儿观看，再谈谈自己的感受与发现。

重点提问：刚才，我们看到的视频里有很多有趣的汽车。你看到了什么超级汽车？这辆汽车哪里设计得最有意思？

幼儿：我看到了一辆公主车，车上有很多鲜花的装饰和蕾丝，像公主的花裙子。

幼儿：我看到了一辆超级长的加长轿车，里面能坐很多的乘客。

幼儿：我看到一辆可以折叠的车，没有停车位也不用担心，可以把它折叠起来，放进衣服的口袋里。

### （三）创意设计新型汽车

幼儿大胆想象各种不同功能的汽车，并根据自己的创意，画出未来新型汽车（图5-5-7、图5-5-8）。

**1. 重点指导。**

（1）结合幼儿已有生活经验，将不同的物品与汽车叠加联想，变成未来的新型汽车。

（2）启发幼儿结合生活中有关汽车引发不便的实际问题进行想象和设计。

**2. 播放概念车视频，引导幼儿自主观看。**

教师：你想画什么样儿的超级汽车？

幼儿：我想画的汽车是有遁地功能的汽车，它的前面有个大钻头，像电钻一样，这样汽车就可以在地下挖洞，在地下行走。

教师：你的想法很有创意！那需要给汽车画上什么呢？

幼儿：我打算在车顶上画一个可以旋转的大钻头，这个是用来打地洞用的。

教师：好，一会儿，你画好了，可以给老师和小朋友们讲一讲你的车。

数字化支持：播放概念车的视频，引导幼儿自主观看，拓宽创作思路。

图5-5-7 图5-5-8

（四）作品展示，分享与交流

1. 幼儿进行作品展示，并自由交流。

2. 教师利用希沃白板课件将幼儿作品投屏，展示并分享，引导幼儿介绍自己的个性化作品，达到经验共享的目的。

教师：小朋友们，一起来欣赏一下作品吧！谁想来介绍一下自己的作品？

幼儿：我画的是一辆超级甜品车，它能把各种水果做成冰激凌和蛋糕。小朋友们只要扫码，就可以领取自己喜欢的甜品。

教师：哇！你的想法真有创意！你们看，她的甜品车上都有哪些水果？

幼儿：我看到了香蕉和樱桃。

教师：她把自己想的都画到了纸上，非常形象、细致！咱们给她鼓鼓掌吧！

环节目的：引导幼儿仔细观察作品，丰富自己的表象经验。

数字化支持：利用希沃白板课件的投屏功能展示幼儿作品，便于幼儿欣赏和讲述。

**幼儿作品**（图5-5-9～图5-5-12）

图5-5-9

图5-5-10

图5-5-11

图5-5-12

**活动延伸**

**1. 美工区：利用废旧物制作汽车。**

利用各种废旧物品，结合多种手工技法，如纸箱版画、泥工、剪纸等，制作自己的未来汽车。

**2. 开展未来汽车设计作品大赛。**

引导幼儿展示自己设计的汽车作品，举办未来汽车设计作品大赛，积极参与投票与评选。

**活动反思**

孩子们对五花八门的汽车非常感兴趣，他们了解汽车的基本构造和与汽车有关的知识。我结合孩子们的兴趣点，设计了"未来汽车"的美术活动，让孩子们想象、设计具有创意的未来新型汽车，并能大胆地讲述自己创想的汽车。本次活动培养了幼儿的创新精神，挖掘了其创意潜能。

**1. 调动生活经验，引发幼儿想象。**

我结合幼儿的生活经验进行提问："在生活中，人们利用汽车出行，遇到过哪些不便？心情会是怎样的？"孩子们纷纷说出了自己的想法，比如，"会堵车""汽车尾气污染空气""公交车太挤了""开车没油了"等，这些都是他们生活中的所见、所闻、所感，这些问题也困扰着我们。孩子们运用叠加联想的方法，结合生活经验，创意设计出新颖、合理、实用的未来汽车。如，如果没有停车位，可以设计一辆能折叠成手提箱大小的车，随时都可以叠起来用手提着。孩子们的创意在自由交流中不断碰撞出新的火花。

**2. 通过叠加联想，打开幼儿想象的空间。**

大班幼儿具有丰富的想象力，同时也容易受定势思维的影响。他们想象的汽车具有一定的局限性，如潜水车、飞行车等。为了拓展幼儿的思维，引导其创造出更加新颖的车型，我运用叠加联想的方法，引导幼儿将汽车与各种动物或物品叠加联想，从而创意出更加神奇、有趣的未来汽车。如，大象和汽车放在一起联想，创意出带有自动洗车装置的汽车；吸尘器和汽车放在一起联想，创意出清洁车；太阳能板和汽车放在一起联想，创意出太阳能供电的环保车等。

**3. 通过具体、形象的事物，拓宽幼儿想象的维度。**

大班幼儿的思维主要依据具体事物的形象并对其产生联想。因此，我在课件中提供了很多幼儿熟知的动物及其他事物形象，让幼儿通过具体的形象进行联想。我在提问后给予幼儿充分的想象时间和空间，让幼儿自由讨论，再与大家分享自己的创意。

最后，我借助《未来汽车》的动画片，拓展幼儿想象的空间和维度。孩子们看到动画片里有很多新颖的汽车，都觉得很有趣。这也提升了孩子们的创意能力。

本次活动着重培养幼儿的想象力、创造力和语言表达能力。这些能力是幼儿终身学习与发展需要具备的关键能力。本次活动注重各领域之间的融合与相互渗透，能够促进幼儿全面、协调地发展。

## 活动六　黄泥泥工：青铜铸鼎

### 教师：于乐涵

扫码看视频 5 - 6 - 1　　　扫码看彩图 5 - 6 - 1

**活动目标**

1. 了解青铜鼎的结构，能够大胆地设计不同造型的青铜鼎。
2. 通过捏、团、刻等泥工技法展现青铜鼎不同的花纹、样式。
3. 通过黄泥泥工制作，感受中华传统工艺青铜铸鼎的独特魅力。

**活动重点**

了解青铜鼎的结构，能够大胆地设计不同造型的青铜鼎。

**活动难点**

通过捏、团、刻等泥工技法展现青铜鼎不同的花纹、样式。

**活动准备**

1. 经验准备：见过青铜鼎，制作过黄泥泥工作品。
2. 数字化资源准备：视频 5 - 6 - 1《青铜铸鼎》（实录课）、视频 5 - 6 - 2《青铜鼎》（3D 欣赏视频）、视频 5 - 6 - 3《青铜铸鼎》（白板课件），平板电脑（每两个人用一个）。
3. 物质准备：黄泥、泥工工具、小木棍、罩衣、托盘（图 5 - 6 - 1）。

图 5-6-1

扫码看视频 5-6-2

**活动过程**

## （一）初探青铜鼎的结构

教师播放视频 5-6-2《青铜鼎》（3D 欣赏视频）（参看视频 5-6-2），通过视频展示青铜鼎，引发幼儿兴趣。教师介绍青铜鼎的组成部分，引导幼儿了解相关知识。

教师：今天，咱们就一起了解一下青铜鼎。咱们先看一段视频，请你们仔细观察青铜鼎，它究竟长什么样子？它是由哪几个部分组成的？它的上面有什么样儿的花纹？它是什么形状的（图 5-6-2、图 5-6-3)？

图 5-6-2

图 5-6-3

教师：刚才，你看到的青铜鼎是什么样子的？

幼儿：我看到的青铜鼎有两个小把手，它的上面还有蜗牛线和城墙线样式的花纹。

教师：有的小朋友看到青铜鼎有两个小把手，上面还有一些蜗牛线、城墙线的花纹。谁想来说一说自己的发现？青铜鼎是什么形状的？它有几条腿？

幼儿：它是方形的，有四条腿。

小结：青铜鼎通常由三个主要部分组成，分别是鼎身、鼎耳和鼎足（图
5－6－4、图5－6－5）。

环节目的：通过观看视频，初步了解青铜鼎的组成部分，为后续的制作活
动做准备。

数字化支持：播放《青铜鼎》（3D欣赏视频），利用3D动画全方位地展
示青铜鼎的外部和内部结构，引导幼儿细致观察，了解青铜鼎的组成部分。

图5－6－4　　　　　　　　　　　　图5－6－5

### （二）观察青铜鼎的细节

幼儿借助平板电脑细致、全方位地观察青铜鼎，可以放大青铜鼎的某个局
部，仔细观察它的细节，也可以旋转青铜鼎，全方位、多角度地观察它的
外形。

教师：接下来，让我们一起更细致地观察一下青铜鼎。小朋友们打开平
板电脑，看看青铜鼎上有什么花纹、青铜鼎底部和里面分别是什么样儿的
（图5－6－6、图5－6－7）。

图5－6－6　　　　　　　　　　　　图5－6－7

教师：你们可以放大青铜鼎的图片，看看这个青铜鼎是什么形状的、有什
么样儿的花纹（图5－6－8、图5－6－9）。

图 5 - 6 - 8　　　　　　　　　　　图 5 - 6 - 9

教师：小朋友们都非常仔细地观察了青铜鼎，有了很多新的发现。谁想来分享一下？说说你通过观察发现了青铜鼎上有哪些图案、花纹和装饰。

幼儿：这个青铜鼎底下只有三条腿。

教师：小朋友们观察得特别仔细！咱们这次观察的青铜鼎和刚才的青铜鼎不一样，它是什么形状的？它由几条腿组成？

幼儿：这个青铜鼎是圆形的，由三条腿组成。

教师：谁还有什么新发现？

幼儿：青铜鼎的把手有点儿像门，是一个中间空空的弧形。我放大后看到，这个把手上还有波点和直线样式的花纹。

幼儿：青铜鼎上面的花纹很像我在家里经常玩儿的迷宫。

图 5 - 6 - 10　　　　　　　　　　图 5 - 6 - 11

教师播放视频 5 - 6 - 3《青铜铸鼎》（白板课件）（参看视频 5 - 6 - 3），出示两个不同形态的青铜鼎图片（图 5 - 6 - 10、图 5 - 6 - 11），引导幼儿细致观察。

小结：小朋友们有很多新的发现。我们知道青铜鼎可以是方形的，也可以是圆形的，有的还会有一些装饰性的花纹和图案。鼎耳是鼎身两侧的耳朵状物体，鼎足是鼎的支撑部分，通常由三条或四条腿组成，以确保鼎在使用时

扫码看视频 5 - 6 - 3

能平稳地立住。青铜鼎里面是空空的，底部是平的。鼎耳上有圆点、条纹的装饰，鼎身上也有条纹装饰。

环节目的：引导幼儿通过平板电脑放大、旋转3D青铜鼎进行全方位观察，重点关注青铜鼎上面的花纹及幼儿想要了解的其他细节，为后面的制作环节打基础。

数字化支持：运用平板电脑拖动青铜鼎，可以放大局部，仔细观察细节，也可以旋转青铜鼎进行全方位、多角度观察，为后续制作环节打基础。

### （三）制作黄泥青铜鼎

**1. 教师引导幼儿讨论，设计鼎的样式。**

教师：接下来，小朋友们化身小小设计师，两个小朋友一组，一起合作设计属于你们自己的青铜鼎。请你先和你身边的小伙伴讨论一下，你们想设计什么样子的青铜鼎？是圆形的，还是方形的？它由几条腿组成？你们准备在上面用哪些花纹进行装饰？

幼儿：我们想做一个方形的青铜鼎，准备做得大一点儿，腿要做得特别坚固，这样不容易倒。

幼儿：我们准备在青铜鼎上装饰波浪线的花纹，用泥工工具刻出小花的图案，再用小刻刀刻出波点。

幼儿：我们准备做个圆形的青铜鼎，上面有用黄泥捏出来的条纹装饰。我们还准备在青铜鼎的腿上用泥捏出一些线条进行装饰，比如蜗牛线。

**2. 教师介绍制作黄泥青铜鼎所需材料。**

教师：老师来给小朋友们介绍一下制作青铜鼎所需要的材料，桌子上有黄泥（图5-6-12），还有一些可以用来刻、点、压出花纹的泥工工具，还有小木棍。你们知道小木棍是用来做什么的吗（图5-6-13）？

图5-6-12

图5-6-13

幼儿：因为青铜鼎的鼎身比较重，所以可以用小木棍来连接青铜鼎的鼎身和腿。

教师：没错，它可以用来连接青铜鼎的腿和鼎身。小木棍可以让青铜鼎变得更加坚固，因为青铜鼎很重，用小木棍进行连接，青铜鼎就不会轻易地倾斜或倒了。

**3. 幼儿分组制作，教师巡回指导。**

幼儿分组进行泥工制作，教师巡回指导（图 5 - 6 - 14、图 5 - 6 - 15）。

图 5 - 6 - 14

图 5 - 6 - 15

（1）观察青铜鼎的特征。

观察和了解青铜鼎的特征，掌握其基本的形状、组成部分和比例关系。

（2）借助辅助材料进行制作。

引导幼儿借助小木棍，将鼎身与鼎足连接在一起，起到连接、支撑、固定的作用。

（3）选择适宜的工具进行创作（图 5 - 6 - 16～图 5 - 6 - 19）。

了解制作技巧和工具的使用方法，选择适宜的工具，运用点、刻、切等泥工技法及各种装饰手法，使作品更加精细，增添作品的艺术效果和独特性。

（4）正确使用工具，保持制作环境的整洁。

在制作过程中，引导幼儿正确使用工具，培养幼儿良好的卫生习惯，如完成作品后洗手、收拾并清洁泥工工具等，以保持制作环境的整洁。

图 5 - 6 - 16

图 5 - 6 - 17

图 5 - 6 - 18

图 5 - 6 - 19

环节目的：支持幼儿更好地掌握制作黄泥青铜鼎的技巧和方法，发挥自己的想象力和创造力，制作精美的泥工作品。

### （四）黄泥青铜鼎作品展

教师将幼儿作品拍照并上传至白板课件，投至大屏，引导幼儿细致观察、欣赏青铜鼎作品及其细节。

幼儿欣赏与交流作品。教师引导幼儿大胆介绍自己设计的青铜鼎，分享创作思路和设计想法，介绍青铜鼎的基本结构、图案、样式及花纹，讲述运用了哪些工具及如何制作。

教师：接下来，欢迎大家来到我们的黄泥青铜鼎作品展。哪位小设计师想来介绍一下你的作品？

幼儿：我们制作的青铜鼎是一个方形的青铜鼎，它由四条腿组成，它的上面有锯齿线和蜗牛线组成的花纹。我们把黄泥搓成长条后，卷成了蜗牛线，粘在鼎身上进行装饰。我们还在蜗牛线的上面用工具点上了圆点。另外，每条腿上也用蜗牛线进行了装饰。我们还用刻刀在鼎足上刻出了很多的条纹（图 5 - 6 - 20、图 5 - 6 - 21）。

图 5 - 6 - 20

图 5 - 6 - 21

小结：小朋友们设计的黄泥青铜鼎作品可真是创意十足！你们真棒！

环节目的：作品展示、欣赏与交流，引导幼儿观察同伴作品中的亮点和创意。

**幼儿作品**（图 5 - 6 - 22～图 5 - 6 - 25）

图 5 - 6 - 22

图 5 - 6 - 23

图 5 - 6 - 24

图 5 - 6 - 25

**活动延伸**

1. 美工区：引导幼儿利用黄泥和其他低结构材料，发挥想象力，继续制作有创意的青铜鼎。

2. 家园共育：幼儿与家长一起了解更多关于青铜鼎的知识，如其用途、制作工艺等，来园后与同伴、教师分享。

**活动反思**

**1. 幼儿细致观察青铜鼎的细节，大胆想象与创作。**

活动中，幼儿用双手捏、搓、揉、团黄泥，进行塑形操作，他们根据自己的想象和创意，对青铜鼎进行了个性化的设计和装饰。在制作过程中，教师可以进一步引导幼儿了解青铜鼎的文化背景和历史意义，让幼儿更加细致地观察青铜鼎的细节，关注鼎的形状、花纹、样式等。教师通过提问幼儿，如"你看到的青铜鼎有几条腿""青铜鼎上有什么花纹"等，激发幼儿观察青铜鼎的兴趣，引导幼儿自主观察并理解青铜鼎花纹的含义。

**2. 教师优化教学形式，鼓励幼儿创造出独特的青铜鼎作品。**

教师在示范制作青铜鼎的过程中，可以录制微课视频或拍摄步骤图，让幼儿仔细观察制作方法和步骤，了解如何运用黄泥塑造出青铜鼎的形状和相关细节，通过动手操作，提高幼儿的观察力和动手能力。针对能力较弱的幼儿，可以为其提供一些不同形状和大小的黄泥块，让他们自由拼接、组合和塑形，鼓励幼儿发挥想象力，创造出独特的青铜鼎作品。教师可以引导幼儿思考，如"你想制作什么形状的青铜鼎""你想怎么装饰青铜鼎"等，激发幼儿的想象力，在制作青铜鼎的过程中，鼓励幼儿发挥想象力，大胆设计与制作，让幼儿在实际操作的过程中不断提高自己的动手能力和创造力。

**3. 幼儿作品展示环节，提高幼儿的观察力和语言表达能力。**

在幼儿作品展示环节，可以让幼儿互相欣赏和评价作品，引导他们观察其他幼儿作品中的亮点和创意。同时，也可以让幼儿分享自己的创作思路和心得体会，提高他们的观察力和语言表达能力。

# 活动七　立体纸工：繁忙的立交桥

## 教师：刘　佳

扫码看视频 5-7-1　　　　扫码看彩图 5-7-1

**活动目标**

1. 初步认识立交桥，了解立交桥的结构、形态及作用。

2. 尝试将纸条弯曲或直直地穿插在一起，表现立交桥的造型，构筑多层次交通道路的立体效果。

3. 体验制作立体手工的快乐及完成作品的成就感，提高善于发现美的能力。

**活动重点**

初步认识立交桥，利用弯折纸条搭建立交桥的造型。

**活动难点**

尝试将纸条弯曲或直直地穿插在一起，构筑立交桥多层次的立体效果。

**活动准备**

1. 经验准备：见过或者走过立交桥；知道简单的立交桥结构；会使用胶棒、剪刀等工具。

2. 数字化资源准备：视频5-7-1《繁忙的立交桥》（实录课）、视频5-7-2《繁忙的立交桥》（白板课件）、视频5-7-3《繁忙的立交桥》（欣赏视频）。

3. 物质准备：彩色A4卡纸、黑色A3卡纸、白色绘画纸、剪刀、胶棒、水彩笔、丙烯马克笔（图5-7-1）。

图5-7-1

扫码看视频5-7-2

**活动过程**

**（一）猜谜语，引出制作主题**

**1. 猜谜语，激发幼儿兴趣。**

教师：小朋友们，今天，老师给你们带来了一首谜语。请你们猜一猜。

教师：横一条，竖一条，高一条，低一条，你走你的路，我跑我的道，十字路口架座桥，桥上桥下车快跑，红绿黄灯全不用。

教师：你们猜一猜，这是什么呀？

幼儿：立交桥。

教师：你们一下子就猜对了。那我们一起看一看，是不是立交桥呢（图5-7-2）？

**2. 观看图片，了解立交桥的特点。**

教师播放视频5-7-2《繁忙的立交桥》（白板课件）（参看视频5-7-2），引导幼儿观看立交桥的图片，了解立交桥的特点。

教师：你们见过立交桥或者从立交桥上面走过吗？谁能说一说立交桥有什么特点？

幼儿：立交桥很高，下面横穿着一条马路，还有的是一条路上有岔路，能通到另外一条路上。

幼儿：立交桥上没有人行横道和红绿灯，只能让汽车在上面走。

小结：立交桥被称为"立体交叉通用桥"，是在交叉道路的交汇处，搭建一个横跨另一条路的桥，形成上下交叉、错落的样子，桥上的道路和桥下的道路都可以通车，汽车各走各的，互不干扰。有的立交桥上还会设置很多的岔路，以便汽车能去往不同的方向。

环节目的：教师利用猜谜语的形式，引出制作主题。带领幼儿观看图片，了解立交桥的结构及作用，激发幼儿的制作兴趣。

数字化支持：教师利用希沃白板课件中蒙层的功能，擦出立交桥的图片，吸引幼儿的注意力，激发幼儿参与活动的兴趣。

图 5-7-2

扫码看视频 5-7-3

## （二）播放视频，激发兴趣

**1. 播放立交桥的视频，引导幼儿细致观察，了解不一样的立交桥。**

教师播放视频 5-7-3《繁忙的立交桥》（欣赏视频）（参看视频 5-7-3），引导幼儿观看，了解不同造型的立交桥。

教师：今天，老师还给你们带来了一段小视频，一起来看一看吧！

教师：你们发现视频里的立交桥是什么样子的？谁来说一说（图 5-7-3、图 5-7-4）？

幼儿：有龙卷风样子的。

幼儿：我发现立交桥上的路慢慢地分开了。

幼儿：立交桥上有很多条路，有的路还是交错着的。

小结：立交桥也叫"立体交叉桥"，它是在两条以上的交叉道路相交的地方，搭建上下分层的、可供车辆多方向行驶的、互不干扰交通的桥。

环节目的：播放视频，让幼儿更直观地观察立交桥的结构及形态，了解立交桥的作用。

数字化支持：通过观看视频，开阔幼儿的眼界，让幼儿了解不同结构的立交桥，便于幼儿在制作环节发挥想象，制作出不同样式的立交桥。

图 5 - 7 - 3

图 5 - 7 - 4

**2. 观看图片，帮助幼儿总结立交桥的主要类型。**

教师：那我们再来看一看，这几座立交桥和刚才的立交桥有什么不同（图 5 - 7 - 5）？

幼儿：这座立交桥有一个环岛。

幼儿：这座立交桥有很多直直的路。

幼儿：这座立交桥像小花一样，也像小蝴蝶。

教师：这座立交桥像不像小喇叭的形状？

小结：立交桥有圆形环岛型立交桥，直线无交织型立交桥，像小花一样的苜蓿叶立交桥，还有喇叭形互通立交桥。

教师：我们刚才认识了不同类型的立交桥。你们知道立交桥上有什么吗？

幼儿：有虚线。

教师：那是汽车走的行车道。

幼儿：有汽车，还有交通标志（图 5 - 7 - 6）。

教师：对，有很多不同种类、不同外形特征的汽车在立交桥上行驶。

图 5 - 7 - 5

图 5 - 7 - 6

环节目的：出示四种类型的立交桥图片，引导幼儿对比观察，知道立交桥有不同的形状，通过梳理、总结，让幼儿了解立交桥的主要类型。

数字化支持：出示四种主要类型的立交桥图片，引导幼儿观察、对比，帮助幼儿梳理立交桥的主要形状有哪些，为之后制作立交桥做铺垫，也解决了本次活动的重、难点问题。

### （三）出示材料，讲解制作过程

教师出示材料，引导幼儿观察并了解制作材料有哪些。

教师：今天，咱们也来制作一座属于自己的立交桥。

教师：刚才，咱们看到了各种不同形状的立交桥。请你想一想，你打算制作一座什么样儿的立交桥？

幼儿：中间有一个环岛，两边是无交织型的立交桥。

教师：看一看，教师给你们准备了哪些材料？

教师：你们看看，这个是什么？

幼儿：黑卡纸。

幼儿：彩色卡纸。

教师：你们知道彩色卡纸是干什么用的吗（图5-7-7）？

幼儿：是剪立交桥上面的马路用的。

教师：再看一看，小纸杯里还有哪些材料？

幼儿：剪刀、胶棒、黑色起稿笔、水彩笔。

教师：那立交桥上除了有汽车，还有哪些标志？

教师：我还为你们准备了一些小纸片（图5-7-8），可以在上面画一些小汽车和交通标志。

图5-7-7

图5-7-8

### （四）幼儿制作，教师巡回指导

教师针对幼儿制作过程中出现的问题，进行个别指导（图5-7-9、图5-7-10）。

1. 在粘贴立交桥时，注意两张纸条重叠的部分不要过多，给粘贴小汽车或者交通标志留出空间。

2. 在粘贴时，引导幼儿注意小汽车和交通标志的正、反面，最好把画有小汽车和交通标志的那面全部朝向自己，这样看起来比较美观。

图 5 - 7 - 9　　　　　　　　　　　图 5 - 7 - 10

3. 在粘贴汽车时，提醒幼儿先把画有汽车的纸张底部向后折，折出一个纸边，再用胶棒在折好的纸边上涂抹胶，将汽车粘在立交桥上。

（五）作品展示，分享与讲评

教师引导幼儿展示并介绍自己的作品（图 5 - 7 - 11、图 5 - 7 - 12）。

教师：谁想来介绍一下你的作品？

幼儿：这个是我的作品。这条道路是螺旋路，这里还有很高的路，从其他的路可以走到这条路上来。

幼儿：这是我的作品。我设计了很多上坡和下坡的路。我还做了一个环岛立交桥。

幼儿：我这座立交桥有上下交错的路，有波浪形的路，有一条黄色的弧形路，还有一个环岛。

图 5 - 7 - 11　　　　　　　　　　图 5 - 7 - 12

**幼儿作品**（图5-7-13～图5-7-16）

图5-7-13

图5-7-14

图5-7-15

图5-7-16

**活动延伸**

1. 把本次活动剩余材料投放到美工区，引导幼儿继续创作，制作出不同造型的立交桥作品。

2. 引导幼儿在生活中继续观察不同造型的立交桥，与幼儿共同收集有关立交桥的图片，把收集到的图片投放到建构区，鼓励幼儿搭建不一样的立交桥。

**活动反思**

立交桥是城市现代化的一个重要特征。立交桥为我们的出行带来了便利和快捷，立交桥也能激发幼儿的创作兴趣。本次活动制作"繁忙的立交桥"，很符合大班幼儿年龄特点和操作水平。活动中，幼儿利用折、画、剪、粘、卷等技能制作了不同类型的立交桥作品。本次活动存在一些优点和不足，现总结如下：

1. 幼儿对本次活动非常感兴趣，能积极、主动地参与。本次纸工活动制作立交桥比较符合现阶段幼儿年龄发展特点，能激发幼儿动手制作的欲望，且幼儿制作出来的立体手工作品能让幼儿体验到成功制作的快乐和强烈的自信心。针对能力较弱的幼儿，教师可以提供一些半成品，这样也能让他们体验到成功制作的快乐。

2. 在制作环节之前，可以增加一个环节，让幼儿进行探索、尝试，看一看能用纸条制作出哪些不同形状的立交桥。邀请创作新颖立交桥的幼儿进行分享，这样可以达到经验共享的目的，也能帮助能力较弱的幼儿或者想法比较单一的幼儿拓展制作经验和思路，让幼儿充分创造，构建出立交桥多层次的立体效果，解决活动中的难点问题。

3. 在利用信息技术方面，首先，在第一个环节猜谜语、揭晓谜底的时候，可以请个别幼儿到一体机上操作，擦除立交桥图片的蒙层，这样可以调动幼儿参与活动的积极性。其次，在观看立交桥视频的时候，可以利用暂停、截屏的功能，截取关键画面，方便后续引导幼儿描述自己的发现时，能够看着图片进行讲述。最后，在出示四张主要造型的立交桥图片时，可以同时出示立交桥相对应的图形，方便幼儿准确把握立交桥的形状，为后面的制作环节及解决活动的难点问题做铺垫。

4. 本次活动还应增加一些幼儿讨论的环节。在制作之前，可以先让幼儿进行讨论，说一说自己想做什么样儿的立交桥，这样不仅可以发散幼儿的想象思维，还可以起到经验共享的作用，方便幼儿做出更多不同样式的立交桥。

## 活动八　废旧材料制作：多彩民族

教师：华秋茜

### 活动目标

1. 了解民族头饰和服饰的特点，能够用废旧材料进行拼贴制作。

扫码看彩图 5-8-1

2. 通过撕、剪、拼、贴、折等方法，设计具有民族特色的头饰和服饰。

3. 体验创意拼贴的乐趣和成功制作的喜悦。

### 活动重点

了解各种民族少女的服饰特点，感受民族文化的独特魅力。

### 活动难点

通过撕、剪、拼、贴、折等方法，设计具有民族特色的头饰和服饰。

**活动准备**

1. 经验准备：掌握一些基本的绘画和手工制作技能，如剪纸、涂色、粘贴等，了解中国一共有 56 个民族。

2. 数字化资源准备：视频 5-8-1《多彩民族》（白板课件）。

3. 物质准备：羽毛、泡沫网、毛根等低结构材料（图 5-8-1），白色卡纸、胶棒、剪刀（图 5-8-2），废旧报纸、小块儿的布料、画笔、各种彩色卡纸等。

图 5-8-1　　　　　　　　　　　　图 5-8-2

**活动过程**

扫码看视频 5-8-1

**（一）导入环节**

1. 教师播放视频 5-8-1《多彩民族》（白板课件）（参看视频 5-8-1），展示各种民族少女的图片和服饰（图 5-8-3、图 5-8-4），引导幼儿观察并讨论这些服饰的特点和色彩搭配。

2. 幼儿观察与欣赏这些精美的服饰。

图 5-8-3　　　　　　　　　　　　图 5-8-4

幼儿：哇，这些衣服真漂亮！

幼儿：我好喜欢那个头饰，好像蝴蝶一样！

幼儿：这些颜色搭配在一起真好看！我也想穿这样的衣服。

教师：这些民族服饰各有特色，每个民族都有自己独特的文化和传统。你们知道这些服饰代表着什么吗（图5-8-5、图5-8-6）？

幼儿：代表着不同民族的文化和传统。

教师：你们回答得非常好！今天，咱们就来学习如何利用废旧材料制作民族服饰和头饰，感受民族文化的独特魅力。

图5-8-5　　　　　　　　　　　图5-8-6

环节目的：这些精美的服饰引起了幼儿的注意，让他们能够全神贯注地欣赏和讨论。在欣赏过程中，教师可以引导幼儿注意观察服饰的色彩、图案、材质等，了解服饰所代表的民族文化和传统，通过讨论，增强幼儿的民族文化意识，树立尊重多元民族文化的态度。

## （二）示范环节

教师介绍粘贴画的基本技巧，包括如何选择材料、剪裁、粘贴等。

教师：首先，我们需要选择合适的材料。废旧报纸、彩色卡纸、布料等都可以作为制作材料。其次，我们可以使用剪刀或刻刀进行剪裁，将材料剪成我们需要的形状。接着，我们可以用胶棒将材料粘贴在背景纸上。最后，我们可以用画笔进行细节处理，如描边、涂色等（图5-8-7、图5-8-8）。

图5-8-7　　　　　　　　　　　图5-8-8

### （三）创作环节

教师鼓励幼儿根据自己的想象和喜好，选择合适的材料和颜色，创作民族少女粘贴画（图5-8-9、图5-8-10）。在此过程中，教师给予幼儿一定的指导和帮助，但不要过分干涉幼儿的创作过程。

幼儿：老师，你看我做的头饰像不像刚才看到的那个精美的头饰？

教师：真的很像呢！你做得非常好，小手真灵巧！

幼儿：老师，帮我看看，我的粘贴画怎么样？我觉得有点儿乱。

教师：不要着急，慢慢地调整。你可以试着重新规划一下画面布局和颜色搭配。

图5-8-9            图5-8-10

环节目的：幼儿根据自己的喜好，自主选择材料，创作民族少女粘贴画。在创作过程中，幼儿会遇到各种各样的问题，但他们并没有放弃，而是认真思考并尝试解决问题，充分发挥了他们的想象力和创造力。

### （四）展示环节

幼儿完成自己的作品后，纷纷将自己的作品展示在教室的作品展示墙上，供其他幼儿欣赏，同时，分享自己的创作过程和心得体会。

幼儿：这是我做的苗族少女头饰。我用了很多彩色的卡纸。

幼儿：我觉得我的作品很有创意！因为我把布料剪成了很多不同的形状，用来制作服饰。

教师：你们真棒，每个人都发挥了自己的想象力和创造力，制作了独特的作品。希望大家在今后的创作中继续发挥自己的特长。

环节目的：通过展示环节，幼儿可以感受到自己的作品被同伴、教师认可和欣赏的喜悦，增强了他们的自信心和创作热情。同时，幼儿也可以通过欣赏他人的作品，了解不同的创作思路和表现形式，丰富自己的艺术创作经验。

**幼儿作品** （图 5 - 8 - 11、图 5 - 8 - 12）

图 5 - 8 - 11

图 5 - 8 - 12

**活动延伸**

**1. 拍摄或录像。**

教师可以给幼儿的创作过程和作品拍照或录像，作为教学资料保存下来。这些资料可以用于以后的教学活动，也可以分享给家长。通过拍照或录像，可以让更多的人了解和欣赏到幼儿的创作成果，同时，也可以为幼儿的成长留下珍贵的回忆。

**2. 参观当地的文化中心或博物馆。**

教师可以组织幼儿参观当地的文化中心或博物馆，了解更多的民族文化和传统。通过实地参观和学习，幼儿可以更加深入地了解不同民族的文化特色，提高他们的文化素养。同时，参观活动也可以为幼儿提供更多的创作灵感和素材。

**3. 提升粘贴画的技巧，丰富其表现形式。**

为了巩固幼儿粘贴画的技巧，丰富粘贴画的表现形式，可以让幼儿尝试创作其他主题的粘贴画作品。例如，可以引导幼儿尝试使用不同的材料和表现形式，创作出具有创意和个性的粘贴画作品；也可以让幼儿尝试将粘贴画与其他艺术形式相结合，创作出更加丰富的艺术作品。通过这些拓展活动，可以提高幼儿的创作能力和艺术表现力。

**活动反思**

本次活动通过观察、分析、比较、创作、评价等环节，培养了幼儿的观察力、判断力、表现力和创造力。幼儿通过学习和实践，不仅了解了我国少数民族少女的服饰特点和文化背景，还学习了粘贴画的基本技巧和创作方法。在创作过程中，他们充分发挥自己的想象力和创造力，创作出了许多有趣、生动的作品。同时，通过互相交流和展示作品，幼儿的自信心和语言表达能力也得到了提升。此外，通过本次活动，教师也更加深入地了解了幼儿的学习特点和需求，为今后的教学活动提供了有益的参考。

在活动过程中，教师需要注意以下几点：

1. 教师应选择适合幼儿年龄特点和兴趣爱好的材料和主题，激发幼儿的学习兴趣和创造力。

2. 教师在示范和指导过程中，要注意语言简洁、明了，动作规范、准确，让幼儿容易理解和掌握相关技巧。

3. 在幼儿创作过程中，教师要给予幼儿自由发挥的空间，不要过分干涉幼儿的创作过程。

4. 在展示和交流环节，教师要注意鼓励幼儿大胆表达自己的想法和感受，提高幼儿的语言表达能力。

# 活动九　立体纸工：立体房子

## 教师：孙雅琦

扫码看视频 5-9-1　　　　扫码看彩图 5-9-1

**活动目标**

1. 通过观察和讨论，制作出三角形的立体房子。

2. 通过小组合作，能合理摆放房子里的物品和人物图卡。

3. 能够大胆想象和创作，制作故事立体房子。

通过观察，尝试制作三角形的立体房子。

**活动难点**

通过小组合作的方式，能合理地布置立体房子中的物品，理解景物近大远小的透视关系。

**活动准备**

1. 经验准备：熟悉几篇童话故事，会画简单的动物，会使用剪刀和胶棒，绘画中能运用简单的景物比例关系。

2. 数字化资源准备：视频 5－9－1《立体房子》（实录课）、视频 5－9－2《立体房子》（白板课件），平板电脑每组一个。

3. 物质准备：成品故事立体房子每组一个（图 5－9－1），彩色正方形卡纸每组一张（每组 4 人），白色绘画纸每人一张，水彩笔每组一盒，剪刀每人一把，胶棒每人一根，支撑物品站立的纸三角若干，收纳筐每组一个（图 5－9－2）。

图 5－9－1

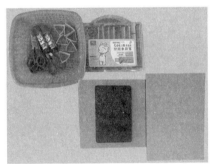
图 5－9－2

**活动过程**

**（一）介绍立体房子，初步感受房子的形状**

**1. 引导幼儿观察立体房子。**

教师出示成品故事立体房子，引导幼儿看一看，摸一摸，观察房子里的内容、物品的比例关系，猜测制作方法（图 5－9－3、图 5－9－4）。

图 5 - 9 - 3

图 5 - 9 - 4

教师：你们看看，桌子上有一座漂亮的小房子，里面发生了什么故事呀？快看看，房子里面都有谁？

幼儿：有大灰狼、小红帽、老婆婆。这是《小红帽》的故事。

教师（询问另一组）：你们组是什么故事呀？

幼儿：是《三只小猪》的故事。

教师：你们发现没有，我们平时都是在纸上画出故事内容，而这个故事是通过什么方式来表现的？

幼儿：故事里的人物和动物都站起来了。

教师：人物和动物都站起来了，变成了立体的了。

幼儿：是的。

教师：那这座小房子也怎么样了？

幼儿：也站起来了。

教师：请你们看一看、摸一摸这座三角形的小房子，看看它是怎么做出来的吧！

幼儿：我觉得是把纸剪开，然后粘成三角形的样子。

**2. 幼儿观看微课视频。**

教师播放视频 5 - 9 - 2《立体房子》（白板课件）（参看视频 5 - 9 - 2），引导幼儿观看立体房子的制作过程并自己动手制作立体房子（图 5 - 9 - 5、图 5 - 9 - 6）。

扫码看视频 5 - 9 - 2

教师：你们学会了吗？

幼儿：学会了！

教师：快来动手试一试吧！

幼儿：好。

教师：你们一起商量一下，看看谁来折、谁来剪。

幼儿：我负责折。

幼儿：我负责剪。

图 5 - 9 - 5　　　　　　　　　　　图 5 - 9 - 6

幼儿：我负责组合。

教师：好的，快来动手制作吧！

教师：注意，一定要把折痕压平、压直。

幼儿：这个角一定要粘得紧紧的，才不会开。

教师：你们的小房子做好了吗？它是什么形状的？

幼儿：做好了，它是三角形的。

环节目的：出示成品立体房子，激发幼儿兴趣，利用微课视频，帮助幼儿学习制作立体房子的步骤和方法。

数字化支持：利用希沃白板课件播放微课视频，帮助幼儿直观地学习制作立体房子的方法。

## （二）布置房子里的人物和物品位置，理解空间位置关系

**1. 幼儿观察并理解房子里物体的空间位置关系。**

教师播放视频 5 - 9 - 2《立体房子》（白板课件）中物品位置混乱的房子图片，引导幼儿观察并发现房子里的人物和物品摆放得有问题，并请幼儿帮忙将人物和物品摆放在正确的位置（图 5 - 9 - 7、图 5 - 9 - 8）。

图 5 - 9 - 7　　　　　　　　　　　图 5 - 9 - 8

教师：我这里有一座小女孩的房子。她的房子里出现了一些问题，你们发现了吗？

幼儿：发现了。

教师：哪里有问题呀？谁来说一说？

幼儿：我发现小猫咪歪着，它站在窗户上面去了。

教师：那小猫咪要站在哪里？

教师请个别幼儿上前，在一体机上操作，拖动小猫的图片，将它摆放在正确的位置上。

幼儿：我想让小猫咪转个圈，让它站在地上。

教师：你觉得哪里还有问题呀？

幼儿：我看到这个小花和仙人掌都上去了，都在房顶上了。

教师：你想把这些植物放在哪里？

幼儿：放在地上。

教师：你还发现有什么问题？

幼儿：窗户要在墙上。

教师：你们看看，现在，房子里这些事物摆放的位置都对了吗？

幼儿：都对啦！

**2. 幼儿操作平板电脑。**

幼儿通过操作平板电脑的希沃白板课件，摆放故事里的主人公和其他事物，理解空间摆放的位置关系（图5-9-9、图5-9-10）。

图5-9-9

图5-9-10

教师：你们组想做一座什么样儿的故事房子呀？

幼儿：有小蝌蚪，有小青蛙，是《小蝌蚪找妈妈》的故事。

教师：你们组想做什么故事的房子？

幼儿：《彩虹色的花》。

教师：你们的小故事都在平板电脑里。请你们动手摆一摆小动物们的位置吧！

重点指导：利用平板电脑中希沃白板课件的放大和缩小功能，引导幼儿理解画面中景物近大远小的空间位置关系。

教师：谁想把你设计的故事房子，在大屏幕上摆一摆呀？

幼儿：小刺猬是在地面上生活的，太阳是在天上的，小彩虹也是在天上的。

教师：彩虹色的花在哪里呀？

幼儿：我把彩虹色的花放大了。它是长在草地上的。

教师：小朋友们看一看，为什么彩虹色的花这么大呀？

幼儿：因为花长大了。

小结：你们发现了吗？彩虹色的花看着离我们很近，小动物们离我们远一些。因此，近处的物体看着大大的，远处的物体看着小小的。我们把这种位置关系叫"近大远小"。

环节目的：首先出示一张房子里错误摆放物品的图片，引导幼儿说一说房子里物品的空间位置关系，再利用平板电脑希沃白板课件的拖拽功能，让幼儿调整故事房子里主人公和其他物品的方向和位置。

数字化支持：幼儿通过平板电脑希沃白板课件重新摆放故事里主人公和其他物品的位置，激发幼儿的兴趣，引导幼儿更好地理解物体近大远小的空间位置关系。

### （三）分组制作立体故事房子

**1. 幼儿分组制作立体故事房子。**

幼儿分组创作立体故事房子。教师引导幼儿与同伴商量如何分工、合作，大胆地表现自己的想法（图 5 - 9 - 11、图 5 - 9 - 12）。

教师：你们的小房子是不是都设计好了？

幼儿：是。

教师：那你们画一画、粘一粘，把小房子制作出来，好不好？

幼儿：好。

教师：开始动手制作吧！

图 5 - 9 - 11

图 5 - 9 - 12

分组指导（小组一）：

幼儿：我来画小蝌蚪。

幼儿：我来画小鱼（图5－9－13）。

教师（观察平板电脑中的故事房子画面）：你们组的小鱼、小乌龟摆在水里，对不对？那太阳公公应该摆在哪里呢？

幼儿：在云彩旁边。

教师：小蝌蚪应该摆在哪里呢？

幼儿：小蝌蚪应该在水里游呢！

教师：可以在小房子的地面上画出水波纹，那里是小蝌蚪的家。

教师：你们看一看平板电脑里是怎么摆放小动物们的。谁站得近一些，谁站得远一些呢？

分组指导（小组二）：

教师：你们组是怎么商量的呀？谁来画小动物？谁来剪纸呢？

幼儿：我来画彩虹色的花。

幼儿：我来画小蜥蜴、小蚂蚁。

教师：那谁用剪刀来剪小动物们呢？

幼儿：我来画云彩，然后把它们都剪下来（图5－9－14）。

幼儿：最后，我来组装吧！

教师：嗯，小朋友们合作制作故事小房子，一定很快就能做好！

图5－9－13

图5－9－14

**2. 解决出现的问题。**

教师针对制作过程中出现的问题，进行重点指导。

（1）问题1：小组组员合作制作故事房子，会出现分工不均的情况。

重点指导：

①教师参与幼儿小组的讨论与构思，引导几名幼儿明确分工，问一问幼儿最喜欢哪个主人公，帮助幼儿梳理自己的想法。

②询问幼儿谁会使用剪刀，可以帮助其他幼儿剪纸。

（2）问题2：绘画小动物时比例不对，如小蝌蚪、小蚂蚁画得很大。

重点指导：教师引导幼儿观察平板电脑图片中动物的大小，说一说为什么有的动物大、有的动物小。

（3）问题3：针对人物及其他事物在小房子里的空间位置摆放问题，询问幼儿谁应该放在高处、谁应该放在低处，谁离得近、谁离得远。

重点指导：与幼儿沟通具体绘画内容，说一说太阳、云彩应该放在哪里，小动物应该放在哪里等。

环节目的：将平板电脑中设计好的图片摆在桌面上，帮助幼儿回忆画面构图和事物大小比例关系。在制作过程中，教师参与幼儿的讨论，了解幼儿的绘画构思，帮助他们梳理绘画和制作方法，提醒他们应该注意的事项，将创意和构思落实到手工制作中。

### （四）作品展示，分享与交流

请幼儿自由分享与交流，相互欣赏彼此的作品（图5-9-15、图5-9-16）。

图5-9-15　　　　　　　　　　　　图5-9-16

教师：你们的故事小房子可真漂亮呀！请你给其他小朋友讲一讲小房子里发生的故事吧！我也来听一听，你们的小房子里发生了什么有趣的事情？

幼儿：草地上有一朵彩虹色的花，它帮助了小蚂蚁、小老鼠、小刺猬和小蜥蜴。

幼儿：有一片花瓣在河水里，它帮助小蚂蚁游过了河。

幼儿：天气太热了，彩虹色的花把一片花瓣送给了小老鼠，让它遮阳用。

幼儿：彩虹色的花还把一片花瓣给了小刺猬，让它避雨用。

教师：彩虹色的花真是乐于助人！你们的故事可真精彩！

教师：你们的小蝌蚪找到妈妈了吗？

幼儿：找到了。

教师：它们都遇到了谁？

幼儿：小鸭子、小乌龟，它们还遇到了小鱼。

教师：小蝌蚪们是怎么问小鸭子的？

幼儿：它说"小鸭子、小鸭子，你是我们的妈妈吗"。

幼儿：小鸭子说"不是，不是，你们的妈妈有白色的肚皮、大大的眼睛。

我不是你们的妈妈"。

　　教师：我发现你们画了两只小青蛙。它们分别是谁呀？

　　幼儿：一只是青蛙妈妈，一只是青蛙爸爸。

　　教师：小蝌蚪们最后找到妈妈了吗？

　　幼儿：找到啦！小蝌蚪们一起找到了爸爸、妈妈。

　　教师：这样，小蝌蚪们就可以高高兴兴地回家了。

　　教师：小朋友们的故事可真精彩呀！

　　教师：咱们把这些故事小房子放在图书区里，让大家都来听一听你们的故事吧！

**幼儿作品**（图 5 - 9 - 17、图 5 - 9 - 18）

图 5 - 9 - 17　　　　　　　　　　　　图 5 - 9 - 18

**活动延伸**

**1. 美工区。**

教师可以引导幼儿在美工区制作不同主题的房子进行展示，如"我的家""我参观的博物馆""我的幼儿园"等主题。

**2. 图书区。**

将幼儿自制的立体故事房子投放到图书区，引导幼儿和其他小朋友讲一讲立体房子里发生的有趣故事。

**活动反思**

本次活动以小组为单位，由几名幼儿合作制作故事立体房子，培养了幼儿的创造力、动手能力和团队合作精神。本次活动目标明确，幼儿制作过程完整。大班幼儿随着年龄的增长，在美术活动前就能明确创作主题和目标，逐渐做到先构思、再创作，按主题和目标完成手工制作。在工具的使用方面，大班幼儿能综合运用多种材料进行制作，会借助各种辅助工具实现自己的创作意愿。在技能上，幼儿能较熟练地运用剪、画、粘贴、折等多种技能，且连接方式较为顺畅、自然，使制作出来的物体成为一个整体。

### （一）活动亮点

**1. 分工合作。**

大班幼儿在手工制作活动中能尝试与同伴分工合作，互相配合，完成同一主题的绘画和手工制作活动，如，有的幼儿负责折纸，有的幼儿负责剪纸，有的幼儿负责粘贴，还有的幼儿负责组合。在绘画不同的动物形象时，幼儿也能做到独立表现。

**2. 构思方面。**

大班幼儿在构思方面表现出强烈的主观倾向和丰富的想象力，非常乐于表达自己的想象，喜欢事先构思、再动笔。活动中，教师可以通过小组讨论的方式，给予幼儿充分的构思时间，帮助他们梳理创作思路。

**3. 造型方面。**

大班幼儿能区分物体的大、中、小比例关系，能根据创作主题绘画相关的物体造型。

**4. 构图方面。**

大班幼儿有构图的概念，能理解物体的遮挡关系、疏密关系、近大远小空间位置与比例的关系，开始注意物体的大小比例，但夸张表现物体的现象依然存在，对事物比例的把握较弱。

### （二）数字化资源

1. 教师制作了手工微课视频，帮助幼儿更直观地了解如何制作立体房子。
2. 教师引导幼儿利用平板电脑希沃白板课件的拖拽功能，提前构思每个事物的空间位置，以更加具象的方式展现在幼儿眼前。

## 活动十　塑料瓶制作：机器人总动员

### 教师：朱培培

扫码看视频 5 - 10 - 1　　　扫码看彩图 5 - 10 - 1

**活动目标**

1. 结合塑料瓶的外形特征，通过剪、贴、拼插等方法制作机器人。
2. 大胆创意、设计、制作不同造型的机器人。
3. 感受与同伴共同创作的乐趣，体验美术创作活动带来的惊喜。

**活动重点**

能够创意、设计、制作不同造型的机器人。

**活动难点**

能够选择合适的材料组合、连接各种塑料瓶。

**活动准备**

1. 经验准备：

（1）幼儿在日常生活中见过机器人，了解机器人的外形特征，知道机器人的本领与其外形特征之间的关系；

（2）幼儿画过机器人；

（3）幼儿用图形拼摆过机器人；

（4）幼儿观看过《机器人历险记》和《机器人总动员》动画片；

（5）幼儿制作过各种塑料瓶动物。

2. 数字化资源准备：视频 5－10－1《机器人总动员》（实录课）、视频 5－10－2《机器人总动员》（白板课件），音频 5－10－1《Children′s Day′s Coming》。

3. 物质准备：幼儿绘画的机器人设计图、剪刀、不同种类的粘合与连接材料、收纳筐、纸杯（图 5－10－1、图 5－10－2），不同种类的辅助材料若干（图 5－10－3），不同形状和大小的塑料瓶若干。

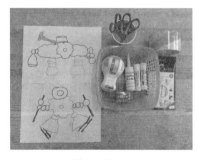
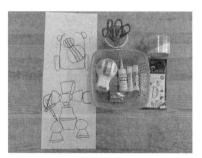

图 5－10－1　　　　　　　　　　图 5－10－2

图 5 - 10 - 3

扫码看视频 5 - 10 - 2

**活动过程**

## （一）导入环节

**1. 欣赏机器人图片，激发兴趣。**

教师播放视频 5 - 10 - 2《机器人总动员》（白板课件）（参看视频 5 - 10 - 2），出示不同功能和特征的动画机器人图片，引导幼儿回顾已有经验，激发幼儿探索欲望。

教师：小朋友们还记得《机器人历险记》中出现的这几个机器人朋友吗？它们分别是谁？

幼儿：记得，大焊接先生、洗碗机器人和扫地机器人。

重点提问：这三个机器人有什么外形特征和特殊的本领（图 5 - 10 - 4、图 5 - 10 - 5）？

图 5 - 10 - 4

图 5 - 10 - 5

幼儿：这是洗碗机器人，它的肚子是方的，里面可以放很多盘子和碗。

教师：你观察得真仔细！谁还有不一样的发现？

幼儿：这是扫地机器人，它的下面有轱辘，可以到处移动。

小结：机器人的外形特征和它的本领是有关系的。

环节目的：帮助幼儿回顾已有经验，引导幼儿细致观察机器人的不同造型、外形特征和特殊的本领。

数字化支持：运用希沃白板课件的放大功能，引导幼儿细致观察机器人的外形特征和特殊的本领。

**2. 对比观察，发散思维。**

教师出示三个用塑料瓶制作的机器人图片，引导幼儿对比观察机器人身体不同位置的塑料瓶，发现它们的使用方法是不一样的，并依据幼儿回答及时在希沃白板课件上圈画出来。

教师：今天，老师也带来了三个机器人朋友，咱们一起来看一看吧！

重点提问：这三个机器人是用什么材料制作的？塑料瓶是怎么使用的（图5-10-6)？

教师：小朋友们一起用放大镜仔细观察一下吧！你们有什么新发现？

幼儿：塑料瓶的上半部分可以当做机器人的身体。

教师：塑料瓶的上半部分也可以当做机器人的什么（图5-10-7、图5-10-8)？

幼儿：也可以当做机器人的腿和脚。

图5-10-6

教师：小朋友们观察得真仔细！你们都有不一样的想法。

小结：塑料瓶的使用方法不同，制作出来的机器人造型也不同。

环节目的：引导幼儿细致观察并发现塑料瓶不同的使用方法，完整的塑料瓶和塑料瓶的局部通过变化方向、摆放在不同的位置，可以重新组合成新的机器人造型。瓶盖也可以被巧妙地利用。

数字化支持：使用希沃白板课件中的放大功能，引导幼儿观察塑料瓶的不同使用方法。

图5-10-7

图5-10-8

**3. 造型拼摆，感受与体验。**

请个别幼儿在白板课件中拖拽、拼摆塑料瓶，感受塑料瓶的方向不同，产生的作用也是不同的，引导幼儿观察、发现塑料瓶的整体和局部可以怎样使用。

教师：今天，老师也为小朋友们准备了一些大小、形状各不相同的塑料瓶，有完整的塑料瓶和被分割好的塑料瓶局部。请小朋友们开动脑筋，想一想、试一试，塑料瓶可以拼摆、设计出什么造型的机器人？

教师：请小泽来试一试！

提问：你设计的机器人有什么本领？

幼儿：我设计的是《机器人历险记》中的"万能小子"。这个机器人的触手可以钩住盘子，并把它放进洗碗机器人的洗碗机里，它头顶的螺旋桨可以帮助机器人飞到高处拿盘子（图5-10-9、图5-10-10）。

图5-10-9　　　　　　　　　　　　图5-10-10

教师：小朋友的设计真有创意！请芊芊来试一试。

幼儿：我设计的机器人是跳舞机器人，她有像人一样灵活的手臂和腿（图5-10-11、图5-10-12）。

图5-10-11　　　　　　　　　　　　图5-10-12

教师：小朋友们的想象力真丰富啊！

小结：塑料瓶的外形特征不同，作用也不同。改变塑料瓶的方向，它就可以成为机器人身体的不同部位。制作机器人时，可以完整地使用塑料瓶，也可以使用它的局部。

环节目的：改变塑料瓶的转动方向，引导幼儿借形想象，帮助幼儿了解同一种瓶子的不同使用方法，引导幼儿学习掌握一物多用，发散幼儿思维，探索如何摆放塑料瓶、如何使用塑料瓶的整体和局部，可以用塑料瓶制作机器人不同的身体部位，帮助幼儿丰富制作经验。

数字化支持：请个别幼儿在白板课件上拖拽、拼摆塑料瓶图片，进一步感受塑料瓶摆放方向的不同，起到的作用也是不同的。

### （二）分析设计图，大胆探究"机器人"的制作方法

教师：小朋友们通过小组合作，共同商讨、设计出了自己的机器人设计图。请你和同伴说一说，你想设计什么样儿的机器人？

**1. 小组讨论，幼儿观察并分析设计图。**

教师巡回指导，帮助幼儿观察、分析设计图纸上的机器人的外形特征（图5－10－13）。

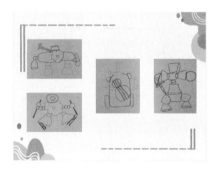

图 5－10－13

教师：你们组想怎样制作机器人？你们有什么想法吗？

幼儿：可以用塑料瓶的瓶底当做它的肚子。

幼儿：可以用养乐多的瓶子当做它的脚，塑料瓶的上半部分可以组合在一起，当做它的胳膊，这个炮筒可以发射火焰（图5－10－14、图5－10－15）。

图 5－10－14

图 5－10－15

教师：老师听到小朋友们有各种各样的想法。哪组小朋友愿意到前面来分享一下你们组的设计图？

重点提问：你们组设计的机器人有什么本领？你们打算怎么制作塑料瓶机器人？

幼儿：我们组的机器人会弹吉他、会唱歌。它是用完整的洗手液瓶子制作的，机器人的脚是用两个瓶盖做的，它的吉他是用两个大小不一样的瓶盖做的

（图 5 - 10 - 16）。

　　教师：你们组设计的是一个充满艺术细胞的机器人。

　　幼儿：我们组的机器人会滑雪，它还拿着两根滑雪杖。它的身体是用瓶底做的，它的两条腿是用瓶子的上半部分做的，它的雪橇是用奶酪棒做的，它的手臂是用瓶盖做的，它的头是用两个大小不一样的瓶盖做的（图 5 - 10 - 17）。

　　教师：你们组的机器人很形象。小朋友们的设计图都很棒，特别有创意！

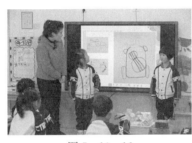

图 5 - 10 - 16　　　　　　　　　　　图 5 - 10 - 17

　　环节目的：为幼儿提供充分讨论的时间，让他们说一说机器人设计图是如何设计的，帮助幼儿进一步明确机器人的制作方法。

　　数字化支持：在希沃白板课件上出示幼儿绘画的机器人设计图，小组成员分享自己的设计思路和制作方法，集体观察并倾听，达到经验共享的目的。

　　**2. 出示毛根、绳子等连接工具，引导幼儿观察并思考其使用方法。**

　　教师：我们以前学过用不同的胶连接、组合不同的物体。今天，老师为小朋友们介绍一种新的工具——毛根，一起看一看，怎样用毛根连接两个塑料瓶呢（图 5 - 10 - 18）？

　　小结：可以用毛根穿孔的方法，将两个塑料瓶连接在一起；还可以用缠绕、打结的方法将两个塑料瓶组合、固定在一起。小朋友们可以根据自己的需要选择合适的工具进行连接。

图 5 - 10 - 18

　　环节目的：帮助幼儿拓宽创作思路，介绍新材料和连接的方法，引导幼儿选择合适的工具进行连接。

　　**（三）小组合作制作机器人，教师巡回指导**

　　教师：今天，老师为小朋友们准备了一些可能会用到的辅助材料。请小朋友们结合自己组的机器人设计图选择合适的材料，大胆想象，制作出不同功能的机器人吧！

教师在幼儿创作过程中，播放音频 5 - 10 - 1
《Children's Day's Coming》，营造轻松、愉快的美术创作
氛围。

扫码听音频 5 - 10 - 1

**1. 合理分工，鼓励幼儿与同伴交流，达到经验共享的目的。**

教师：你可以看看其他小朋友是怎样连接的。小朋友们互相合作，可以更好地完成作品。

**2. 选择适合的塑料瓶和辅助材料，表现设计图中机器人的特点。**

教师：塑料瓶除了可以单独使用，还可以怎样使用（图 5 - 10 - 19）？小朋友们可以在桌子上进行简单的造型拼摆，进一步寻找适合的材料（图 5 - 10 - 20）。

图 5 - 10 - 19

图 5 - 10 - 20

**3. 多媒体辅助，引导个别幼儿使用适宜的组合、连接方法。**

教师：老师在平板电脑里为小朋友们准备了很多造型奇特、有趣的机器人朋友。你们可以看一看有没有自己喜欢的机器人，可以尝试进行制作（图 5 - 10 - 21）。

**4. 个别指导：遇到塑料瓶粘不住的情况，还可以使用什么不同的连接方法？**

教师：塑料瓶不同部分的重量也不一样。小朋友们可以尝试选择不同的连接方式组合机器人的身体（图 5 - 10 - 22、图 5 - 10 - 23）。

图 5 - 10 - 21

环节目的：引导幼儿在制作前可以拿着塑料瓶，在桌子上进行简单的造型拼摆；允许幼儿与同伴进行简单的交流；引导幼儿结合机器人的外形特征，借形想象，选择大小、颜色适合的塑料瓶进行制作；引导幼儿根据实际情况，及时调整制作方法和连接方式；帮助幼儿进一步明确制作细节；引导幼儿小组分工、合作制作。幼儿自由结组，分配制作任务，大胆想象与讨论，按照自己负责的内容进行制作，简单地描述制作过程和方法，进一步明确自己的制作目标。

图 5 - 10 - 22          图 5 - 10 - 23

数字化支持：

（1）播放音频《Children's Day's Coming》，营造轻松、活泼的创作氛围。

（2）教师巡回指导，随时将幼儿在制作过程中遇到的问题和好方法在希沃白板课件上进行视频和图片投屏分享，达到经验共享的目的。

（3）在平板电脑上播放不同塑料瓶机器人的图片，引导能力较弱的幼儿观察、模仿、制作，丰富幼儿制作经验，帮助幼儿拓宽创作思路。

（4）幼儿在操作过程中没有思路和想法时，可以在希沃白板课件上拼摆塑料瓶，构思机器人造型，激发幼儿创作灵感。

幼儿：老师，我们这里没有瓶底？

教师：你可以到前面的辅助材料区找一找，看看有没有可以替代的其他材料。

幼儿：这个瓶底可以用吗？

教师：当然可以。小朋友们可以先按照设计图的样子，在桌子上拼摆一下机器人。

幼儿：老师，我好像找不到适合的材料制作机器人。

教师：你可以看一看平板电脑里的图片有没有适合你制作的机器人，看看它是怎么制作机器人的相关部位的。

幼儿：老师，你可以帮我穿孔吗？

教师：没问题。先要把两个孔洞对齐，再将毛根对准小孔，穿过去就好了。

**（四）作品展示，分享创意**

**1. 分组展示：同伴间互相欣赏并介绍自己小组的机器人。**

教师：老师看到小朋友们的机器人都做好了。现在，你可以向同伴介绍一下你们的机器人作品（图 5 - 10 - 24、图 5 - 10 - 25）。

幼儿：我们的机器人是"武士机器人"。

教师：你们组的机器人可以站起来吗？你们可以看看其他的机器人是怎么

站起来的。

幼儿：我们这儿有泥钉胶！我们组的机器人好像也可以站起来。

幼儿：这个养乐多瓶底比较宽，但机器人有点儿头重脚轻，站不住。

教师：没关系，你们可以调整一下，再试一试吧！

图 5 - 10 - 24　　　　　　　　　　图 5 - 10 - 25

**2. 集体讲评：分享个别小组的机器人，了解不同的创意。**

教师：哪组小朋友愿意来分享一下你们组制作的机器人？

提问：你们小组的机器人叫什么名字？它有什么功能和本领？

幼儿：我们组的机器人叫"滑雪机器人"，它可以滑雪。

教师：这个机器人拿着两根滑雪杖向后滑。老师还看到你们组的机器人在造型上有些变化，它是怎样站立的？

幼儿：它既可以单脚站立，也可以双脚站立（图 5 - 10 - 26）。

小结：小朋友们制作的机器人都特别有创意，它们的造型也非常生动、有趣（图 5 - 10 - 27）！如果你想继续完善自己的作品，可以到美工区继续创作。

图 5 - 10 - 26　　　　　　　　　　图 5 - 10 - 27

环节目的：在轻松的氛围中，幼儿与同伴分享并讲述机器人的制作过程，了解他人的创意，欣赏他人的作品，从而感受成功制作机器人的喜悦。

**幼儿作品**（图 5 - 10 - 28 ～ 图 5 - 10 - 31）

图 5 - 10 - 28

图 5 - 10 - 29

图 5 - 10 - 30

图 5 - 10 - 31

**活动延伸**

1. 小组合作为机器人添加生动的背景，完善并丰富机器人作品。
2. 为机器人作品搭建展台，进行创意展示。
3. 在美工区，创意制作不同形象的机器人。

**活动反思**

**1. 活动内容的选择。**

本次活动在内容选择方面从幼儿熟悉且十分感兴趣的事物入手，注重幼儿已有经验，联系幼儿生活实际，进一步激发幼儿的创作灵感。课件的制作能有效地利用多媒体，注重幼儿与希沃白板课件之间的互动，既能很好地调动幼儿操作的积极性，又能激发幼儿的想象力，进一步启发幼儿结合生活实际，进行大胆地想象。本次活动始终遵循"幼儿在前、教师在后"的教学理念。教师鼓励幼儿自主创造、自主选材，尊重每个幼儿的创意，引导幼儿个性化发展。

教师根据大班幼儿年龄特点，鼓励幼儿与同伴合作化学习与创作。孩子们集思广益，互帮互助，进行创作。本次活动不仅让孩子们重新认识了机器人朋友，更是认识到塑料瓶使用的无限可能。孩子们在轻松、愉快的氛围中学习到了知识，更激发了他们创作和想象的热情。

**2. 活动过程的开展。**

本次活动能够很好地完成制订的活动目标。教师巧妙地运用数字化技术，激发幼儿参与活动的兴趣。教师注重幼儿的发散性思维，引导幼儿发现机器人的外形特征和制作材料之间的联系，鼓励幼儿借形想象，大胆创作；在材料准备方面，教师能够分类、分层次投放材料，不仅材料种类多样、齐全，而且还能对幼儿不熟悉的新材料进行简单的介绍，在幼儿原有经验基础上进行新的拓展和提升，确保每个幼儿在活动中都能得到很好的发展。

**3. 活动设计与生活实际相结合。**

本次活动能够结合当下热点话题——"环保"，帮助幼儿从小树立环保意识。塑料瓶是我们日常生活中常见的物品，通过创新设计和利用，可以变成一个个有趣的机器人。这不仅是一种环保的生活方式，更是一种充满创意和乐趣的生活态度。

# 活动十一 国画欣赏：《江南水乡》

### 教师：杜 鹏 姚雪萍

扫码看视频 5-11-1　　扫码看彩图 5-11-1

**活动目标**

1. 欣赏并感受作品简单的线条、色块、色点所形成的意境美。
2. 尝试运用浓墨、淡墨表现江南水乡春天的独特景色。
3. 敢于大胆地介绍自己的作品内容及创作思路。

**活动重点**

欣赏作品中线条、色块、色点形成的美感，能大胆创作。

**活动难点**

能用不同的墨色表现江南水乡的建筑和春天的景物，形成简洁、和谐之美。

**活动准备**

1. 经验准备：幼儿观察过江南水乡建筑的图片；个别幼儿去过江南水乡；幼儿有欣赏水墨画的经验；幼儿会使用毛笔等工具进行水墨画创作。

2. 数字化资源准备：视频5-11-1《江南水乡》（实录课）、视频5-11-2《江南水乡》（白板课件），音频5-11-1《江南水乡》（背景音乐）。

3. 物质准备：毛笔、笔架、宣纸、国画颜料、墨、调色盘、罩衣、羊毛毡（图5-11-1），《江南水乡》水墨画作图片（图5-11-2）。

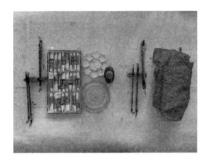
图5-11-1

图5-11-2

**活动过程**

### （一）分组欣赏吴冠中水墨画作《江南水乡》

教师播放视频5-11-2《江南水乡》（白板课件）（参看视频5-11-2）中吴冠中大师的水墨作品《江南水乡》，引导幼儿观察作品中的绘画内容。

教师：这幅作品画的是什么（图5-11-3～图5-11-6）？

幼儿：这幅作品画了很多的房子，还有树。

教师：这些房子和我们住的房子一样吗？

幼儿：不一样。

教师：这是什么季节？

幼儿：我觉得是春天，因为树是绿色的，还有粉色的花也开了。

教师：你还看到了什么？

幼儿：有水，水里还有小鸭子。

扫码看视频5-11-2

幼儿：有小桥。

幼儿：远处还有大山。

环节目的：分组欣赏吴冠中大师水墨画作《江南水乡》，鼓励幼儿自主表达对作品的感受，激发其参与活动的兴趣。

图 5 - 11 - 3

图 5 - 11 - 4

图 5 - 11 - 5

图 5 - 11 - 6

### （二）集体欣赏，观察、对比江南水乡建筑与楼房的区别

教师引导幼儿观察画面细节，对比画中的建筑和常见的房子有什么不同。

教师：这些房子和我们住的房子有什么区别（图 5 - 11 - 7～图 5 - 11 - 10）？

幼儿：我们住的房子是楼房，有很多层。

幼儿：楼房是长方形的，有很多窗户。

幼儿：画上的房子是平房，房顶是尖尖的。

教师：这些平房是什么地方的房子？

幼儿：是江南水乡的。

教师：江南水乡的房子有什么特点？房屋是怎么画的？

幼儿：平房、黑瓦白墙、在水边。

教师：很多房子在一起组成了村庄。村庄是怎么表现的？

幼儿：近处的房子大，远处的房子小，房子与房子之间有遮挡关系。

环节目的：通过观察画面内容，感知江南水乡房屋的特点。

数字化支持：使用白板课件中的标注和放大功能，让幼儿能有重点地对比观察房屋的不同。

图 5 - 11 - 7

图 5 - 11 - 8

图 5 - 11 - 9

图 5 - 11 - 10

### （三）讨论：乡村的生活场景

教师播放视频 5 - 11 - 2《江南水乡》（白板课件）乡村的生活物景图片，集体讨论。

教师：你去过乡村吗？小村子里有什么？养了什么动物（图 5 - 11 - 11、图 5 - 11 - 12）？

图 5 - 11 - 11

图 5 - 11 - 12

幼儿：小村庄里有小鸡、小鸭、小鱼。

幼儿：有小桥，还有小船。

环节目的：通过讨论丰富幼儿对乡村生活的经验。

数字化支持：播放乡村生活场景的图片，丰富幼儿相关经验。

### （四）介绍画家吴冠中

教师介绍画家吴冠中，引导幼儿了解画家的绘画风格和特点。

教师：这幅画的作者是吴冠中，他是中国著名的油画家、水墨画家（图5－11－13）。我们再欣赏他的其他几幅江南水乡的作品吧！

教师：我们看了吴冠中的几幅作品，他画的江南水乡有什么特点（图5－11－14～图5－11－16）？

幼儿：房子都是黑白的。

幼儿：画的都是春天。

幼儿：除了小动物和房子，还画了很多人，很热闹。

小结：吴冠中用简单的色块表现屋顶，用淡墨勾线表现白墙，用点线勾画树木、花草、人物，画面看上去很简洁。

图 5－11－13

图 5－11－14

图 5－11－15

图 5－11－16

### （五）自由创作与表现

**1. 交流与讨论。**

教师：请你和你的好朋友说一说，你想画什么样儿的江南水乡风景？先画什么，后画什么？

**2. 创作与表现。**

教师播放音频5－11－1《江南水乡》（背景音乐），引导幼儿开始创作自己的江南水乡画作（图5－11－17、图5－11－18）。

教师：请小朋友们开始自由创作。你既可以自己单独画，也可以和好朋友一起画。

重点指导：注意用墨的浓淡、物体前后遮挡关系及画

扫码听音频 5－11－1

面构图。

　　环节目的：通过讨论明确绘画的内容、步骤及构图。

　　数字化支持：播放轻音乐，营造轻松、愉悦的创作氛围。

图 5 - 11 - 17　　　　　　　　　　图 5 - 11 - 18

## （六）分享与讲评

　　教师：请完成作品的小朋友给老师和其他小朋友讲一讲你的作品（图 5 - 11 - 19、图 5 - 11 - 20）。

图 5 - 11 - 19　　　　　　　　　　图 5 - 11 - 20

**幼儿作品** （图 5 - 11 - 21、图 5 - 11 - 22）

图 5 - 11 - 21　　　　　　　　　　图 5 - 11 - 22

1. 在美工区可以引导幼儿继续绘画江南水乡的风景。

2. 在建筑区可以让幼儿尝试搭建不同造型的房子。

活动反思

水墨画是我国传统的绘画形式之一，在内容和艺术创作上，体现了古人对自然、社会、文艺、哲学等方面的认知。大班幼儿开展水墨画创作活动，可以让幼儿接触中国的传统文化，感受水墨画独特的艺术表现手法、意境及简洁且富有内涵的表达方式。

本次活动符合大班幼儿的年龄特点，教师结合幼儿的已有经验，引导幼儿欣赏吴冠中大师的水墨画作《江南水乡》，让幼儿了解江南水乡的房屋特点，尝试用水墨绘画的方式表达自己的感受。

**1. 小组欣赏，大胆表达。**

活动前期，教师组织幼儿开展过几次水墨画创作活动。因此，幼儿初步掌握了绘画水墨画的基本技能。在活动中，幼儿通过小组欣赏、讨论，能够做到较为细致地观察画面内容，并有更多机会表达自己的感受。同时，也能鼓励性格较为内向、平时不爱表达的幼儿在小组组员面前勇于表达自己的感受。

**2. 调整环节，延长幼儿创作时间。**

教师应对本次活动流程进行整合，将后面的对比江南水乡房屋与楼房的区别和讲述绘画方法的内容，与小组讨论相结合，这样可以挤出更多的时间供幼儿创作。

**3. 增加数字化资源，丰富幼儿经验。**

可能很多幼儿没有去过江南，没有见过或感受过那里的风景。因此，教师可以在活动中增加江南水乡的视频，以动态的方式让孩子们更充分地感受江南水乡春天的美景，然后再进行创作。

 ## 活动十二　纸工：会动的小指偶

教师：刘　超

活动目标

1. 能在绘画好的动物身体的不同部位剪出镂空的圆

扫码看彩图 5-12-1

形，制作会动的小指偶。

2. 能与同伴大胆地交流自己的想法，创意制作不同的动物造型。

3. 喜欢制作动物小指偶，体验创作的乐趣。

### 活动重点

能大胆想象并制作会动的动物小指偶。

### 活动难点

能在动物身体合适的部位剪出镂空的圆形，让小指偶动起来。

### 活动准备

1. 经验准备：看过《森林王国》动画片，了解常见动物的基本特征，会画常见的动物；有过剪纸的经历。

2. 数字化资源准备：音频 5 - 12 - 1《会动的小兔》（情境指导语），课件 5 - 12 - 1《会动的小指偶》。

扫码看课件 5 - 12 - 1

3. 物质准备：丙烯马克笔、剪刀、胶棒、小碗（图 5 - 12 - 1），小兔指偶作品（图 5 - 12 - 2），彩色卡纸。

图 5 - 12 - 1

图 5 - 12 - 2

### 活动过程

**（一）魔术"会走的小兔"，激发兴趣**

**1. 观察实物，发现区别。**

幼儿通过观察小兔指偶作品和小兔纸卡，发现两只小兔的区别并描述出来。

教师：请小朋友们仔细看看，这两只小兔子哪里不一样？

幼儿：有一只小兔子身子下面有两个洞，另一只没有。

**2. 尝试操作，发现小兔图卡走动的方法。**

教师引导幼儿进行尝试，学习如何让小兔走起来。

教师：你的桌子上也有小兔图卡。请你试一试，看看你能让小兔走起来吗？你是怎么做到的？

幼儿：身上有洞的小兔子可以走起来。

幼儿：我把两根手指插进洞里，移动两根手指，就能让小兔跟着走起来了（图5-12-3）。

环节目的：会走的小兔在其腿部的位置有两个镂空的洞，可以把食指和中指伸进去，移动两根手指就能让小兔动起来了。

**3. 鼓励幼儿观察并了解镂空的方法。**

（1）了解镂空的方法。

图5-12-3

教师通过提问的方式，激发幼儿思考镂空的方法。

教师：这两个镂空的洞是怎么做出来的？谁有什么好方法？

幼儿：用笔在纸上画出两个圆形，再沿着圆形把纸剪下来，就会出现两个洞。

教师：除了画出圆形，再把它剪下来，还有什么别的方法吗？

幼儿：还可以对折一下。

幼儿：对折一下，把半圆形剪下来，圆洞就出来了。

小结：把纸对折，画一个半圆形，再沿着半圆形剪，就能剪出圆洞了。嗯，还可以用剪刀直接剪出圆洞。

环节目的：把纸对折、画出半圆就能剪出圆洞，还可以用剪刀直接剪洞。

（2）动物种类的拓展。

教师引导幼儿拓展创作思路，制作不同的动物指偶，避免作品雷同。

重点提问：还有什么小动物也能像小兔一样走起来呀？

幼儿：小猫也可以。

幼儿：我最喜欢小狗了。我觉得小狗也可以。

教师：只要我们把小动物腿的位置剪出圆洞，再把两根手指从洞里伸进去，变成小动物的腿和脚，移动两根手指，小动物就可以走起来了。

（二）大胆创意与设计

**1. 与多媒体互动，发现小兔子的动态变化。**

教师播放课件5-12-1《会动的小指偶》（图5-12-4），引导幼儿观看。

教师：刚才，我们在兔子腿部的位置剪出圆洞，把食指和中指伸进去，移动两根手指，兔子就可以走起来了。你还想让小兔子哪里能动？要怎么做？谁来试一试？

幼儿：我想让它的胳膊动起来。

幼儿：我想让它的耳朵动起来。

教师：需要怎么做呢？

幼儿：把耳朵那儿也剪出两个洞洞，把两根手指插进去，当做耳朵，耳朵就能动了。

教师：原来我们想让小动物的哪个部位动起来，就在哪个部位剪出小洞。

引导幼儿发现动物身上能动的部位和剪出来的镂空洞之间存在着对应关系。

图 5 - 12 - 4

*数字化支持：动画展示，激发幼儿创作兴趣。*

**2. 参加特技表演赛。**

（1）教师播放课件 5 - 12 - 1《会动的小指偶》（图 5 - 12 - 5、图 5 - 12 - 6），引导幼儿观看。

图 5 - 12 - 5

图 5 - 12 - 6

（2）教师播放音频 5 - 12 - 1《会动的小兔》（情境指导语），激发幼儿参与比赛的兴趣。

重点提问：小兔子邀请动物们去参加特技比赛。想一想，哪些动物能参加？它的什么部位能动起来？

幼儿：我想让大象参加，我要让它的鼻子动起来。

幼儿：我想让大老虎的四条腿都动起来。

扫码听音频 5 - 12 - 1

幼儿：我想让小乌龟的尾巴动一动。

小结：你想让小动物的哪个部位动起来，就在相应的位置剪出洞来。

**（三）制作动物指偶**

教师鼓励幼儿大胆想象，动手制作能动的动物指偶，帮助他们提升创作经验。

幼儿动手制作会动的动物指偶（图 5 - 12 - 7）。对于迟迟不动手制作或者剪出来的洞大小位置不适宜的幼儿，教师要及时指导，鼓励幼儿向同伴学习，发挥同伴间互相模仿学习的作用（图5-12-8）。

对于幼儿想法奇特、不容易实现的情况，教师要及时帮助幼儿梳理创作思路，不断鼓励、肯定幼儿，引导幼儿积极尝试。

环节目的：教师为不同能力的幼儿提供创作的机会，发挥同伴间互助的作用，开展创作活动。

数字化支持：教师利用手机投屏的功能，直观展示幼儿创作的过程和方法，丰富幼儿的创作经验。

图5-12-7　　　　　　　　　　　图5-12-8

### （四）展示与交流

引导幼儿展示自己创作的动物指偶，介绍动物的"特技"，讲述自己的创想，充分感受想象与创意带来的快乐。

教师：你们可以拿着做好的小动物到大森林里做游戏（图5-12-9、图5-12-10）。

环节目的：幼儿与同伴分享创作经验，让幼儿感受成功创作的喜悦。

数字化支持：录制幼儿讲述作品内容的视频，分享到班级微信群中。

图5-12-9　　　　　　　　　　　图5-12-10

**幼儿作品** （图 5 - 12 - 11、图 5 - 12 - 12）

图 5 - 12 - 11

图 5 - 12 - 12

**活动延伸**

1. 在美工区、图书区继续开展制作动物指偶的活动，根据制作的动物指偶，创编故事并讲述。

2. 生活中，可以引导幼儿和家长观察不同的动物，发现其有趣的地方，鼓励幼儿和家长一起制作动物指偶，创编故事并讲述。

**活动反思**

**1. 寓教于乐，提升美术素养。**

幼儿美术教育活动是以培养幼儿创造力为核心的一种教育活动。每个幼儿都有创造的潜力。教师需要将幼儿的潜力挖掘出来，激发幼儿的想象力和创造力。

**2. 激发兴趣，乐在其中。**

整个活动中，教师以幼儿的兴趣为出发点，根据幼儿活泼、好动和喜欢游戏的特点，为幼儿创设了宽松、愉快的活动环境，做到了在玩中做、玩中学。

**3. 利用现代多媒体技术辅助教学活动。**

教师能够根据幼儿的创作需要，引导幼儿直观、细致地观察数字化资源中的图片和视频，从而提高幼儿的操作兴趣。

**4. 尊重幼儿，鼓励幼儿。**

在活动设计过程中，教师为幼儿提供充分的创作空间。活动中，教师始终作为幼儿的支持者、引导者和合作者，充分尊重每个幼儿的创造，肯定、接纳他们独特的想法和表达方式，让幼儿在宽松、开放、愉悦的环境中感受与创造。

本次教学活动设计层层深入，很好地解决了活动的重、难点问题。由于幼儿存在个体差异。因此，教师在活动中还应根据幼儿的美术创作基础和能力、水平，给予幼儿相应的指导，使幼儿轻松地获得成功的体验。

## 活动十三　皮影制作：皮影剧场

### 教师：史可欣

扫码看视频 5-13-1　　　扫码看彩图 5-13-1

### 活动目标

1. 知道皮影戏是我国传统民间艺术之一，了解皮影的特征及制作过程。
2. 能关注皮影的关节变化和人物动态特点，制作不同主题的皮影人物。
3. 愿意大胆尝试并感受与同伴合作制作皮影的快乐。

### 活动重点

能关注皮影的关节变化和人物动态特点，制作不同主题的皮影人物。

### 活动难点

愿意大胆尝试并感受与同伴合作制作皮影的快乐。

### 活动准备

1. 经验准备：幼儿看过并知道皮影戏；有使用分脚钉的经验；了解一些经典的童话故事。
2. 数字化资源准备：视频 5-13-1《皮影剧场》（实录课）、视频 5-13-2《皮影戏：石猴诞生记》（白板课件），音频 5-13-1《三只小猪》、音频 5-13-2《小马过河》。
3. 物质准备：胶钉、分脚钉、木棍、彩色笔、一次性塑料小碗（图 5-13-1）、空白绘画纸、剪刀。

图 5-13-1

扫码看视频 5-13-2

**活动过程**

### (一) 欣赏皮影戏

教师播放视频 5-13-2《皮影戏：石猴诞生记》(白板课件)(参看视频 5-13-2)，引导幼儿观看，感知皮影戏表演的特点。

教师：小朋友们，老师今天带来了一出好戏。请小朋友们快来一起欣赏吧！

教师：你们从视频里看到了什么？

幼儿：我看到了《西游记》。

教师：那你知道这是什么形式的表演吗？

幼儿：我觉得是木偶戏。

小结：刚才表演的是皮影戏。皮影戏是我国的民间艺术之一。逢年过节，人们摆好一张桌子，挂起一块白布，打开灯光，摆好乐器，取出皮影人，皮影戏就开演了(图 5-13-2)。

图 5-13-2

环节目的：教师播放皮影戏视频片段，引导幼儿通过观看视频，了解皮影戏的表演特点，利用数字化技术吸引幼儿的注意力，激发其参与活动的兴趣。

数字化支持：课件中出示皮影戏的视频片段《石猴诞生记》，让幼儿能直观地欣赏皮影戏的表演形式，感知皮影戏的表演特点。

### (二) 观察皮影人物

出示皮影人物图片，引导幼儿观察皮影人物的特点。

重点提问：我们一起来看看，皮影人哪里会动？都是怎样动的？你喜欢皮影人的哪个动作（图5-13-3）？

幼儿：皮影人都是关节在动。

教师：什么地方的关节在动呢？

幼儿：皮影人的胳膊和腿的关节在动，还有脖子的。

教师：他的脸是正面的，还是侧面的？

幼儿：脸是侧面的。

教师：和我们平时看到的人物有什么不一样吗？

幼儿：因为是侧面，所以只能看到一只眼睛。

幼儿：他的身体关节可以活动，其他的地方不能动。

教师：他是怎样做的？你喜欢哪个动作？你来学一学，好吗？

幼儿：他的胳膊像这样抬着。

幼儿：这个人的腿是翘起来的。

幼儿：我最喜欢这个女孩，她是这样的（幼儿模仿皮影人物动作）。

幼儿：我喜欢这个，他看起来非常帅，像是在走路的样子（图5-13-4）。

小结：小朋友们通过观察与模仿，发现皮影人物都是胳膊、腿和脖子部位能活动，他们都是侧面对着我们，他们的表情非常夸张，动作僵直。

幼儿模仿皮影人物的动作，仔细观察皮影人的动态特点，通过观察发现他们和平时看到的人物有不同之处。

环节目的：通过观察及模仿皮影人物的动作，引导幼儿重点关注皮影人物的动作和动态特点，为后续制作皮影人打下基础。

数字化支持：课件中出示皮影人物图片，利用动画功能突出展示皮影人物的动态特点及神态，强调它们的特别之处，引起幼儿注意，便于幼儿细致观察。

图5-13-3

图5-13-4

## （三）了解制作方法

教师播放视频5-13-2《皮影戏：石猴诞生记》（白板课件）中间部分，引导幼儿观看视频，了解皮影戏的制作步骤，为后续制作皮影人打下基础。

教师：皮影戏真是太有意思了！一起来看看吧（图5-13-5、图5-13-6）！

重点提问：请你们猜一猜，皮影人是什么做的？

幼儿：我觉得皮影人可以用纸制作。

幼儿：还有木棍。

幼儿：我觉得皮影人可以用布制作。

教师：皮影人是用驴皮、牛皮雕刻而成的镂空侧面人。皮影人物侧脸的动态更加生动。

教师：制作皮影人需要哪些步骤？

幼儿：需要用笔把人物画出来。

幼儿：再用剪刀剪下来。

幼儿：用胶水粘在一起。

小结：制作皮影人时，先在纸上画出喜欢的人物，给它涂上漂亮的颜色，再用剪刀剪下皮影人身体的各个部分，然后用工具把皮影人的身体组装起来，最后把它粘在小棍上，皮影人就做好了。

环节目的：通过观看手工微课视频，让幼儿直观地了解制作皮影人的步骤。引导幼儿讨论，及时总结制作皮影人的主要方法，帮助幼儿梳理相关经验，为后续制作皮影人打下基础。

数字化支持：播放制作皮影人的手工微课视频，引导幼儿通过观看视频，直观地了解制作皮影人的步骤和方法。

图5-13-5

图5-13-6

## （四）大胆创意制作

**1. 鼓励幼儿分组讨论，创作属于自己的皮影戏。**

教师引导幼儿了解皮影戏的传统故事，为他们提供故事素材和创作灵感。鼓励幼儿在小组内展开讨论，共同设计皮影戏的剧本和角色。

教师：你们知道哪些故事或传说呢？你们能想象出哪些有趣的情节？

幼儿：我知道《孙悟空大闹天宫》，里面的孙悟空把玉皇大帝的龙椅都掀翻了。

幼儿：我看过《哪吒传奇》的动画片，小哪吒脚踩风火轮，可神气了！

**2. 引导幼儿小组讨论，分配制作任务。**

教师：你们想不想自己创作一部皮影戏呢？你们觉得可以设计哪些角色和情节呢？

教师：现在，请小朋友和你的小组成员一起讨论一下，你们要合作创作一个什么故事？每个人分别制作什么角色呢？

幼儿：我们想创作《三只小猪》的皮影戏。

教师：那你们分配好角色了吗？

幼儿：我当猪妈妈。

幼儿：我当猪老大。

幼儿：我当猪老二。

幼儿：我当猪老三。

幼儿：我当大灰狼。

教师：那你们组想创作什么故事呢？

幼儿：我们要创作《小马过河》的皮影戏。

幼儿：我当老牛。

幼儿：我当小马。

幼儿：我当马妈妈。

教师：小朋友们太棒了！你们这么快就分配好角色了！现在，请大家自己尝试制作皮影人吧！

环节目的：通过小组讨论的形式，引导幼儿明确自己要制作的人物。

## （五）创作与表现

**1. 大胆创作与表现。**

请幼儿大胆创作皮影戏的人物，表现自己的想法（图5-13-7、图5-13-8）。

**2. 制作中可能出现的问题。**

幼儿在制作过程中可能出现的问题主要有以下几点（图5-13-9、图5-13-10）。

（1）画面简单：幼儿的绘画技巧可能还不够成熟，导致他们无法将心中想象的形象生动地表现在纸上。

（2）不能正确使用剪刀：幼儿可能还不太熟悉剪刀的正确使用方法，这可能会影响他们的制作进程。

（3）使用分角钉有难度：幼儿在用分角钉组装皮影人物身体各个部位时可能会遇到困难，因为他们还不太熟悉如何正确使用分脚钉。

图 5 - 13 - 7

图 5 - 13 - 8

图 5 - 13 - 9

图 5 - 13 - 10

### 3. 教师的指导策略。

（1）对于画面简单的问题，教师可以引导幼儿利用多媒体搜索自己绘画的人物形象，通过观察丰富自己作品的画面内容。

（2）对于不能正确使用剪刀的问题，教师可以在活动中及时提醒和纠正幼儿的动作，告诉他们剪刀的正确使用方法。

（3）对于使用分角钉有困难的问题，教师可以及时帮助幼儿总结使用分脚钉的好方法，并在活动中教会幼儿如何正确使用分脚钉。

环节目的：教师可以在讨论后为幼儿总结制作皮影人的主要方法，帮助他们梳理制作经验，为后续制作皮影人打下基础。总的来说，教师在指导过程中应耐心、细心，尊重幼儿的创造力，鼓励他们发挥自己的想象力，引导他们掌握正确的制作方法。

### （六）分享与交流

### 1. 请幼儿自由分享与交流，共同欣赏彼此的作品。

教师：制作完的小朋友可以和你的组员一起玩一玩你的皮影人。

**2. 分享作品**（图 5-13-11、图 5-13-12）。

教师：咱们一起来欣赏《三只小猪》剧组的表演吧！

教师播放音频 5-13-1《三只小猪》。

幼儿利用皮影人，表演《三只小猪》的故事（图 5-13-11），与同伴分享创作成功的喜悦。

扫码听音频 5-13-1

教师：我们再邀请《小马过河》剧组来表演吧！

教师播放音频 5-13-2《小马过河》。

教师：那让他们来讲一讲吧！

幼儿利用皮影人，表演《小马过河》的故事（图 5-13-12），与同伴分享创作成功的喜悦。

扫码听音频 5-13-2

教师：小朋友们真是太厉害了！今天，咱们一起制作了皮影人，还欣赏了两部皮影戏。活动结束后，我们可以把这些皮影人带到表演区，继续表演！

图 5-13-11

图 5-13-12

**幼儿作品**（图 5-13-13～图 5-13-16）

图 5-13-13

图 5-13-14

图 5 - 13 - 15

图 5 - 13 - 16

活动延伸

**1. 开展皮影绘画和手工制作活动。**

教师可以组织一些有关皮影戏的绘画和手工制作活动，让孩子们通过绘画和手工制作来表现皮影戏的元素。这不仅能让孩子们更加深入地了解皮影戏，还能培养他们的艺术创造力和手工制作能力。

**2. 阅读皮影戏相关书籍和资料。**

鼓励幼儿在家里和家长一起阅读一些关于皮影戏的书籍和资料，了解更多关于皮影戏的历史、发展和艺术特点。通过阅读，可以拓宽幼儿视野，增强幼儿对民间艺术表现形式的认识和理解。

**3. 家庭参与皮影创作活动。**

邀请家长参与皮影创作活动，让家长与孩子一起学习和探索皮影。家长可以和孩子一起制作皮影、观看皮影戏表演、讨论皮影戏的艺术特色等，这样能增强亲子情感，促进家长与孩子之间的交流与合作。

**4. 举办皮影戏主题展览。**

可以将孩子们制作的皮影作品进行展示，举办一个皮影戏主题展览。展览的内容包括皮影作品、创作过程、心得体会等，让更多的人了解和欣赏孩子们的创意。

活动反思

本次活动的目标不仅是让幼儿了解皮影戏这一民间艺术，更是希望他们能够通过实际操作，感受与同伴合作制作皮影人物的乐趣。在活动的准备阶段，教师做了大量的工作，从数字化资源的筛选到物质材料的准备，力求为孩子们提供一个优质的创作与体验环境。

**1. 活动中的亮点。**

（1）幼儿自由分享与交流：在作品展示与分享环节，教师让幼儿自由地分享与交流，欣赏彼此的作品。这种自主交流的方式能够促进幼儿的语言表达能力和社交能力的发展。

（2）信息化技术的应用：教师通过信息化技术为幼儿提供皮影戏的介绍视频和成品图片、手工微课视频及故事音频，创造了更好的展示空间。这种技术的应用不仅丰富了教学手段，也使得教学活动更加生动、有趣。

（3）游戏化教学：游戏能引发幼儿绘画意愿，让幼儿想画、敢画、会画。通过游戏化的教学方式，能让美术活动变得更加有趣，激发幼儿的兴趣和创造力。

**2. 重视幼儿的感知与体验。**

本次活动注重让幼儿在绘画人物形象的基础上进行创新，制作皮影人，强调感知与体验。这种教学方式有利于培养幼儿的创新能力和解决问题的能力。

（1）皮影戏的引入。皮影戏是我国民间优秀的传统艺术表演形式，具有深厚的艺术内涵和文化价值。本次活动通过引入皮影戏，不仅可以帮助幼儿了解民间艺术形式及其文化内涵，还能激发幼儿对民间艺术的兴趣，培养其民族自豪感。

（2）引导幼儿观察和模仿皮影人物。教师通过出示皮影人物图片，引导幼儿观察皮影人物的特点和动作，并邀请幼儿模仿皮影人物的动作，帮助幼儿更好地理解皮影戏的表演形式和特点。

综上所述，本次活动的亮点在于多元化的教学方式和丰富的教学内容，使得幼儿在美术活动中能够感受创作的乐趣，培养其创新能力和解决问题的能力。同时，通过引入皮影戏等民间艺术形式激发幼儿的民族自豪感和文化自信心。

# 活动十四　扭扭棒制作：京剧发箍

## 教师：陈　静

扫码看彩图 5-14-1

**活动目标**

1. 通过手工制作京剧发箍，了解京剧头面的特点。
2. 在塑造美、感受美的同时，提高动手能力及创造力。
3. 通过自主的艺术游戏，感受京剧的魅力，热爱中国的国粹及传统艺术。

**活动重点**

通过手工制作京剧发箍，提高动手能力及创造力。

**活动难点**

了解京剧头面的特点，利用手工材料，创意制作各种造型的京剧发箍。

**活动准备**

1. 经验准备：幼儿了解京剧的简单角色，听过京剧。

2. 数字化资源准备：视频5-14-1《京剧选段》（欣赏视频），音频5-14-1《京剧旋律》（背景音乐）、音频5-14-2《京剧锣鼓》（台步练习）。

3. 物质准备：各色扭扭棒、毛球、贝壳、扣子、发卡、收纳筐等（图5-14-1），剪刀、自然物松果。

图5-14-1

扫码看视频5-14-1

**活动过程**

### （一）观看表演，了解京剧的简单知识

教师播放视频5-14-1《京剧选段》（欣赏视频）（参看视频5-14-1），引导幼儿观看，激发幼儿探索京剧知识的愿望（图5-14-2、图5-14-3）。

教师：昨天，我去看了一场精彩的演出，我把它录了下来。现在，请小朋友们一起来欣赏这场精彩的表演吧！

教师：这场表演是什么表演？你看过这种表演吗？

幼儿：我听过，这叫"京剧"！

幼儿：我和爷爷一起听过京剧。我爷爷就会唱。

幼儿：我没看过，可我听相声时，他们也唱过。

教师：原来你们的爷爷、奶奶听过京剧，还有的小朋友在晚会或相声里也听过京剧。今天，咱们就来学一学京剧里有趣的小知识。

图 5 - 14 - 2  图 5 - 14 - 3

### （二）欣赏图片，了解京剧发箍的美

**1. 了解京剧的五个角色行当，重点了解旦角的发饰。**

教师和幼儿一起欣赏京剧角色图片，尝试扮演不同的角色（图 5 - 14 - 4、图 5 - 14 - 5）。

图 5 - 14 - 4 图 5 - 14 - 5

教师：京剧中有五个行当，分别是生、旦、净、末、丑，指的是京剧演员扮演的五种角色，就像我们在玩游戏时的五种身份。生，指的是男人角色；净，指的是脸上涂着许多颜料的大花脸；末，指的是年纪大的老人；丑，指的是像小丑一样的角色；旦，指的是女性角色。

教师：五种角色包括了男女老幼，也能代表各种人物的身份，他们都有专门的服饰与妆容。你喜欢哪个角色呢？

幼儿：我喜欢他们的脸谱。咱们班就有许多的脸谱装饰画。

幼儿：我觉得小丑的鼻子上有一块白，很好玩！他的小胡子也很有趣！

幼儿：京剧演员的衣服都很好看！我也想穿这么漂亮的衣服。

幼儿：这些演员头上的帽子很漂亮，上面还有长长的须子，一动起来，就像鞭子一样。

教师：小朋友们发现了京剧不同角色有趣的地方。有的小朋友喜欢京剧表演的衣服，有的小朋友喜欢大花脸，还有的小朋友喜欢发饰。其实，这个发饰还有一个专业的名词，叫做"头面"，非常漂亮，是旦角演出时不能缺少的装饰。

环节目的：了解幼儿已有经验，介绍国粹文化京剧的五个行当，引导幼儿通过语言将已有经验与活动建立联系，激发幼儿的活动愿望。

数字化支持：剪辑、制作以旦角演出为主的视频，在幼儿欣赏京剧的同时，让他们了解京剧的乐曲特点。播放时，可以慢放与暂停，帮助幼儿更清晰地观看和欣赏京剧表演的动作与服饰。

**2. 欣赏京剧头面，鼓励幼儿尝试制作简单的头面——京剧发箍。**

（1）欣赏图片，引导幼儿了解头面的简单构成。

重点提问：这些头面为什么这么漂亮？你觉得哪个地方最漂亮？你最喜欢哪个头面？为什么（图5-14-6）？

幼儿：这个头饰上有许多亮晶晶的颜色，非常漂亮！

幼儿：这个上面一层一层的，有特别多的宝石！

幼儿：我喜欢这个装饰，它把耳朵装饰得很漂亮！

幼儿：我喜欢上面摇摇晃晃的这些装饰。一抖，那两小辫子就晃动。

（2）教师出示发箍，引出用扭扭棒制作的京剧发箍。

教师：昨天，我看完了表演，给自己制作了一个漂亮的头面，我把它戴上。你们快看看，我像不像你们喜欢的京剧演员（图5-14-7)?

图5-14-6　　　　　　　　　　　图5-14-7

教师尝试戴上发箍，做出京剧动作，激发幼儿制作京剧发箍的愿望。

教师：我很喜欢京剧，也喜欢漂亮的头面。你们也可以像老师一样制作一个漂亮的京剧发箍，让我们一起装扮自己，成为漂亮的京剧小演员吧！

环节目的：了解专业词汇"头面"，知道头面的简单构成，感受头面在京剧表演尤其是旦角表演中无法替代的地位。

数字化支持：课件中展示京剧旦角的头面种类，引导幼儿通过对比感受头面的美和文化底蕴。

（3）幼儿观看发箍作品及京剧动漫图片。

教师鼓励幼儿结合图片，说说自己的创意与制作方法（图5-14-8、图5-14-9）。

幼儿：我要做好多颗小星星。星星最漂亮！

幼儿：我要做一堆辫子，动起来，一抖一抖的，多有趣呀！

幼儿：我喜欢红色。我要做个红色的发箍，像结婚一样，还要有许多的红色毛球。

环节目的：鼓励幼儿分享自己的创意，用语言大胆讲述自己的创作思路与设想。

图5-14-8

图5-14-9

### （三）动手制作京剧发箍

教师介绍主要制作材料——扭扭棒，鼓励幼儿在班里寻找其他可用的材料（图5-14-10、图5-14-11），尝试制作京剧发箍，制作重点是为发箍塑形。

教师：我的发箍用了许多的扭扭棒。你们看看这些扭扭棒是怎么用的。

幼儿：用扭扭棒可以将发箍变粗，变出各种颜色。

幼儿：还可以用扭扭棒扭出小花的形状。

幼儿：把扭扭棒叠着放，就变成了好几层！

小结：用扭一扭、绕一绕、折一折的方法，可以将几根扭扭棒制作成漂亮的发箍。

教师：小朋友们快来试一试吧！塑造好发箍的形状后，还可以用你们喜欢的材料把它装饰得更漂亮，成为一个独一无二的京剧发箍。

教师播放音频5-14-1《京剧旋律》（背景音乐）。幼儿动手操作，教师随机指导。

扫码听音频5-14-1

重点提问：扭扭棒可以让发箍变颜色，还可以有什么变化？京剧图片中的头面都是很大、很高，亮闪闪的。你打算用什么材料让你的发箍亮起来，变得与众不同呢？快来试一试吧！

环节目的：用扭扭棒将发卡变粗，便于后续装饰。幼儿可以通过扭曲、折叠、缠绕的方式，进行基础形状的创意制作，鼓励幼儿寻找其他辅助材料进行装饰。

图 5 - 14 - 10

图 5 - 14 - 11

### （四）欣赏作品，进行京剧表演

幼儿完成制作后，分享自己的作品（图 5 - 14 - 12），戴上发箍，跟随音乐，进行京剧表演。教师为幼儿拍照留念（图 5 - 14 - 13）。

教师：小朋友们的京剧发箍都做好了。请你来说一说，你做了什么？你是怎么做的？

幼儿：我用了三种颜色的扭扭棒把发箍变成彩色的。我还用了大毛绒球，把它们粘成了一排。

幼儿：我在发箍上用扭扭棒绕出了两个像弹簧一样的小触角，就像京剧里演员头上戴的长雉鸡翎。

教师播放音频 5 - 14 - 2《京剧锣鼓》（台步练习），引导幼儿倾听，鼓励幼儿头戴京剧发箍进行表演。

小结：今天，我们和扭扭棒做了游戏，不仅用许多扭扭棒和小发卡变出了京剧发箍，还一起欣赏了国粹京剧表演，了解了和京剧有关的小知识。接下来，如果小朋友们有了新的创意，也可以在美工区里大胆尝试，制作出更加精美的京剧发箍。

扫码听音频 5 - 14 - 2

环节目的：通过作品展示与分享，感受成功制作京剧发箍的喜悦，通过欣赏他人的作品，丰富自己的创作经验。

数字化支持：聆听节奏鲜明的戏曲音乐，在自然摇摆中，感受成功的喜悦。

图 5 - 14 - 12          图 5 - 14 - 13

**幼儿作品**（图 5 - 14 - 14～图 5 - 14 - 17）

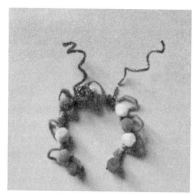

图 5 - 14 - 14          图 5 - 14 - 15

图 5 - 14 - 16          图 5 - 14 - 17

**活动延伸**

1.利用区域游戏环节，鼓励幼儿制作有创意的京剧发箍，并进行京剧表演。

2. 日常投放京剧图片或视频，丰富幼儿相关经验，引导幼儿在制作过程中，学会颜色搭配、对称和镂空的技能。

3. 装饰京剧发箍时，可以在班里寻找其他辅助材料，鼓励幼儿创意使用材料进行制作。

### 活动反思

**1. 了解京剧和京剧行当的简单知识，激发幼儿民族自豪感。**

京剧是一种具有悠久历史的中国传统戏曲艺术形式。其中，京剧头饰作为表演的重要组成部分，起着主要的作用。幼儿在欣赏和感受京剧独特的艺术氛围时，头戴精致的发箍，也激发了幼儿感受美、表现美的愿望。本次活动，用扭扭棒制作简单的京剧发箍，引导幼儿感受国粹京剧文化的博大精深，了解京剧特有的表现方式，让幼儿在欣赏京剧传递的韵律美的同时，了解京剧旦角的头面特点，感受作为中国人的自豪，树立民族自信心。

**2. 借助数字化手段，引导幼儿感受京剧表演的内涵，提升对活动的兴趣。**

在制作过程中，教师为幼儿提供了创意空间，鼓励幼儿探索扭扭棒的变形方法，大胆地与他人交流、分享自己的想法和创意，提升幼儿的自信心。活动中，孩子们的态度积极，表现出极大的创作热情。

**3. 充分发挥幼儿的想象力，促进幼儿的创新思维与动作的协调发展。**

扭扭棒是一种比较简单的手工材料，易操作，且造型多变。幼儿可以利用扭扭棒制作各种各样的东西。本次活动就是利用常见的扭扭棒，启发幼儿为自己设计一个京剧发箍。幼儿戴上发箍，变身为京剧角色，感受传统艺术京剧的独特魅力。本次制作发箍的活动促进了幼儿手部小肌肉的发展，也培养了幼儿的想象力、创造力和表现力，促进了幼儿的社会性发展。

## 活动十五 手工制作：设计我的书包

教师：于乐涵

### 活动目标

1. 了解书包的结构及外形特点，感受其形状、样式及功能的不同。

2. 能发挥想象，设计属于自己的书包，为书包设计

扫码看彩图 5 - 15 - 1

多个不同功能的口袋。

3. 感受自由设计与制作书包的快乐。

**活动重点**

了解书包的结构及外形特点，发挥想象，设计属于自己的书包。

**活动难点**

大胆设计具有不同功能的书包口袋及装进口袋里的物品。

**活动准备**

1. 经验准备：认识书包，知道书包的结构。

2. 数字化资源准备：视频 5-15-1《设计我的书包》（白板课件）。

3. 物质准备：空白绘画纸、彩色笔、剪刀、胶棒、胶水、毛球、扭扭棒、小碗（图 5-15-1）。

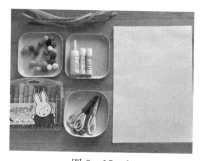

图 5-15-1

扫码看视频 5-15-1

**活动过程**

**（一）多种多样的书包**

教师播放视频 5-15-1《设计我的书包》（白板课件）（参看视频 5-15-1）。

教师：快看，老师这里有很多不同款式的书包。你最喜欢哪个？它是什么形状的？它有哪些装饰？你为什么喜欢它（图 5-15-2、图 5-15-3）？

幼儿：我最喜欢粉色的书包，因为上面有我最喜欢的小公主（图 5-15-4）。

幼儿：我喜欢这个老虎的书包，因为我喜欢老虎。我感觉这个书包背起来肯定很帅气（图 5-15-5）！

小结：书包的款式各不相同，材质、大小也不一样。

环节目的：通过展示各种书包，引导幼儿观察书包的外形特点和内部结构，激发幼儿参与活动的兴趣。

数字化支持：利用图片丰富幼儿创作经验，引导幼儿了解更多书包的款式和功能。

图 5 - 15 - 2

图 5 - 15 - 3

图 5 - 15 - 4

图 5 - 15 - 5

## （二）认识小书包

教师引导幼儿一起观察、认识书包（图 5 - 15 - 6）。

教师：书包是由哪些部分组成的？

幼儿：书包上有拎手，后面有背带。

幼儿：书包里会有小袋子，袋子上有拉链，侧面也会有口袋。

小结：上面的拎手方便用手提着书包，后面的两个背带可以将书包背在肩上。将书包的拉链拉开，里面就可以放上学需要用到的物品。侧面这些小袋子可以放小东西，也可以把水杯放在外侧的口袋里面，拿取更方便（图 5 - 15 - 7）。

环节目的：细致了解书包的结构和功能，为后续制作书包打基础。

数字化支持：出示各种款式的书包图片，利用放大功能，放大局部，引导幼儿细致观察，发现书包的口袋有不同的功能。

图 5 - 15 - 6

图 5 - 15 - 7

### （三）设计我的书包

幼儿大胆想象，设计自己的书包。

教师：我们一起认识了书包，也欣赏了一些好看的书包，了解了书包有各种形状和颜色。现在，请小朋友们来说一说，你想设计一个什么样儿的书包？你可以说一说书包的形状、颜色或者你想要什么图案。

幼儿：我想设计一个蓝色的书包，上面还有飞机，就像飞机在蓝色的天空飞行。

幼儿：我最喜欢的动物就是小兔子。我想设计一个都是小兔子图案的书包，有粉色的小兔子、红色的小兔子、黄色的小兔子，各种颜色的小兔子。打开口袋，里面还有一件印着小兔子图案的衣服。

教师：如果小朋友们想要制作能装物品的书包，需要怎么制作呢？

幼儿：可以在书包上画出一个小口袋。

幼儿：可以画上一个口袋，再将需要开口的口袋位置剪开。

小结：先用勾线笔在纸上画出你设计的书包轮廓，再画出书包上的功能口袋、装饰等，将书包沿轮廓剪下来，再将需要开口的功能口袋位置剪开，把书包粘贴在另外一张纸上即可。粘贴好后，可以打开功能口袋，将想要放进书包里的物品画好并剪下来，再装进口袋里，就完成制作啦！

环节目的：引导幼儿大胆创意设计书包的款式及功能口袋。

### （四）巧手制作小书包

幼儿根据自己的想法，自由创作具有不同功能的口袋及书包里的物品。

教师：接下来，就请小小设计师们来设计属于你们的小书包吧（图 5 - 15 - 8、图 5 - 15 - 9）！

图 5 - 15 - 8            图 5 - 15 - 9

重点指导：

1. 书包细节部分的设计。

将书包的口袋、拎手、背带等细节绘制得清楚一些。

2. 美术工具的使用。

引导幼儿涂色时要均匀、细致，不要涂到边框外面去，正确使用剪刀进行剪裁。

3. 设计功能口袋。

在绘画纸上画好想要装进书包口袋里的物品，再进行剪裁。

环节目的：幼儿根据自己的想法大胆设计、制作书包。

### （五）夸夸我的小书包

幼儿展示、欣赏与交流作品。教师集体讲评幼儿作品，引导幼儿大胆介绍自己设计的书包（图 5 - 15 - 10、图 5 - 15 - 11）。

图 5 - 15 - 10            图 5 - 15 - 11

分享与交流要点：大胆讲述书包的颜色、外观及口袋分别装了什么物品。

幼儿：我设计的小书包是由很多爱心组成的。在书包的最上面有个大大的、带翅膀的粉色爱心，旁边还有很多小星星作为装饰。书包的下半部分有很多红色和黄色的爱心。书包侧面的口袋可以放我的水杯。打开书包的大口袋，里面装着我的衣服。

环节目的：引导幼儿展示作品，分享自己的创作思路和经验，增强幼儿的自信心，体验成功制作书包的喜悦。

**幼儿作品** （图 5 - 15 - 12～图 5 - 15 - 15）

图 5 - 15 - 12

图 5 - 15 - 13

图 5 - 15 - 14

图 5 - 15 - 15

**活动延伸**

1. 引导幼儿在美工区利用毛绒球、毛线、扭扭棒等进一步装饰书包。

2. 开展"书包秀场"展览，设置书包展示区，将幼儿制作的书包作品集中进行展示。

**活动反思**

**1. 了解书包的结构和功能，体验制作的乐趣。**

本次活动以制作书包为主题，通过这个活动，孩子们提高了动手能力和创造力，也对书包的结构和功能有了更深入的了解。在活动过程中，幼儿积极参与，认真剪裁、粘贴，用心设计自己的书包。教师要注重幼儿个体差异，及时对需要帮助的幼儿进行指导，让每个幼儿都能体验到制作的乐趣。教师可以通过示范制作方法和分享自己的创意，激发幼儿更多的创作灵感。

**2. 提供丰富的材料和工具。**

在手工制作活动中，作为教师，可以提前为幼儿准备更多的材料和工具，以便幼儿能大胆地想象与创作。教师可以为幼儿提供丰富多样的手工材料，如布料、珠子、毛线、扭扭棒、毛绒球等，引导幼儿用这些材料装饰书包，让书包变得更加漂亮和个性化，也为幼儿提供了更多的选择和创作空间。不同的材料可以激发孩子们的好奇心和探索欲，他们学会尝试用不同的材料创作独特的书包作品。

**3. 给予幼儿更多发挥想象的空间。**

在手工制作活动中，教师要给予幼儿自由发挥的空间，让他们能够根据自己的想法和创意来进行创作，充分发挥幼儿的想象力和创造力。教师可以创建一个展示孩子们作品的区域，让他们有机会展示自己的手工作品。通过展示作品，增强孩子们的自信心和成就感，同时，也激发他们对手工制作活动的兴趣和热情。此外，还可以让孩子们分享自己的创作思路和经验，激发他们的学习和交流兴趣。

# 活动十六　国画欣赏：《清明上河图》

教师：侯　瑶

扫码看视频 5-16-1　　　扫码看彩图 5-16-1

**活动目标**

1. 知道《清明上河图》是我国北宋时期的优秀绘画作品，感受画面所表现的繁荣与热闹。

2. 欣赏画面中的人、事、物，能用自己的语言描述画面的细节和美感。

3. 大胆回忆并讲述自己在幼儿园的生活，能用长卷绘画的形式表现出来。

**活动重点**

了解《清明上河图》是我国北宋时期的优秀绘画作品，感受画面所表现的繁荣与热闹。

**活动难点**

大胆回忆并讲述自己在幼儿园的生活，能用长卷绘画的形式表现出来。

**活动准备**

1. 经验准备：认识画家张择端，见过其作品《清明上河图》。

2. 数字化资源准备：视频 5 - 16 - 1《清明上河图》（实录课）、视频 5 - 16 - 2《清明上河图》（白板课件）。

3. 物质准备：《清明上河图》图片（图 5 - 16 - 1），黑色勾线笔、长卷绘画纸。

图 5 - 16 - 1

扫码看视频 5 - 16 - 2

**活动过程**

**（一）观看图片，引出主题**

教师播放视频 5 - 16 - 2《清明上河图》（白板课件）（参看视频 5 - 16 - 2），出示《清明上河图》图片，引导幼儿观看，引出活动主题。

教师：孩子们，上次，咱们见过一个画家。你们还记得这个画家的名字叫什么吗？

幼儿：张择端。

教师：对，他的名字叫"张择端"。他是北宋时期一位特别有名的画家

（图5-16-2），他把汴京城外的繁华景象都画在了一幅很长很长的画卷上，这幅长卷画作的名字小朋友们也知道，叫什么？

图5-16-2

幼儿：清明上河图。

教师：《清明上河图》是我们中国十大名画之一，也是我们中国人的骄傲。今天，老师就把这幅画作带到了咱们班。请小朋友们一起欣赏一下吧（图5-16-3、图5-16-4）！

图5-16-3　　　　　　　　　图5-16-4

环节目的：导入活动，引出《清明上河图》，吸引幼儿的注意力，引导幼儿初步感知《清明上河图》。

数字化支持：播放音乐，创设欣赏画作的氛围。

**（二）欣赏与感受**

教师播放视频5-16-2《清明上河图》（白板课件）（参看视频5-16-2），引导幼儿观看并欣赏画面内容。

**1. 教师利用白板课件的放大功能，引导幼儿欣赏全图。**

教师：孩子们，刚才，咱们一起欣赏了《清明上河图》。老师看到你们看得都非常认真！你们在欣赏这幅画作的过程中，看到了什么？谁愿意和我们分享一下？

幼儿：我看到了饭店。

教师：你看到了饭店里的人在做什么呀？

幼儿：我看到了一个服务员，他在给顾客上菜。

教师：你观察得真仔细！看到了服务员在上菜。

幼儿：我看到了有人在抬轿子。

教师：你看到了有人在街上抬轿子。你观察得也非常仔细！你有一双发现的小眼睛。

幼儿：我看到了有人在卖东西。

教师：你看到他在卖什么东西呀？

幼儿：我看到有人在卖米。

教师：啊，你看到了有人在卖米，你也特别善于观察！

幼儿：我还看到了牛车。

教师：你还看到了牛车。除了牛车，你还看到其他的动物了吗？

幼儿：除了牛车，我还看到了马车，还有骆驼。

教师：你看到了这么多动物。一会儿，咱们可以再仔细地观察一下，看看还有哪些动物。

环节目的：利用白板课件的放大功能，引导幼儿回忆看到的景象。

数字化支持：利用希沃白板课件的放大功能，帮助幼儿梳理、归纳看到的景物，并引发幼儿关注。

**2. 欣赏视频，感受街景的繁荣与热闹。**

教师播放视频 5-16-2《清明上河图》，利用动态视频，引导幼儿体会画面中街景的繁荣和热闹（图 5-16-5）。

教师：你们观察得都特别仔细！今天，老师还给你们带来了一幅动感的《清明上河图》。小朋友们想一想，如果《清明上河图》中的人物、动物都动了起来，会是什么样子呢？接下来，咱们一起欣赏动感的《清明上河图》吧！

教师：看完动感的《清明上河图》，你感觉北宋时人们的生活是什么样子的？

图 5-16-5

幼儿：我觉得他们生活得特别幸福，因为他们可以看表演。

幼儿：我觉得他们的生活很热闹，街上的人也很多。

幼儿：我觉得他们生活得特别快乐。

教师：你为什么觉得他们生活得很快乐呢？

幼儿：因为他们可以去饭店吃好吃的。

教师：因为他们可以做自己喜欢的事情，所以你觉得他们很快乐。

小结：刚才，听了你们说的北宋人生活得幸福、快乐，街市上也很热闹，老师也觉得生活在北宋时候的人特别幸福，也更加佩服画家张择端了。画家在这幅长卷上一共画了 1 643 个人，他还画了五六十个动物，都有哪些动物呢?

幼儿：牛、马、骆驼、驴。

教师：还有房屋等三十多座建筑。张择端大师把这么多的人和物都画在了这幅长卷上，让人感到清楚又有序，就好像我们真的来到了汴京城，看到了这座繁荣、热闹、幸福的城市（图 5 - 16 - 6、图 5 - 16 - 7）。

图 5 - 16 - 6　　　　　　　　　　　图 5 - 16 - 7

环节目的：播放动态视频，帮助幼儿理解《清明上河图》中的人物做了什么，方便幼儿更加细致地观察。

数字化支持：利用动态视频，帮助幼儿梳理、归纳看到的景物。

**3. 欣赏作品局部虹桥的画面。**

教师播放视频 5 - 16 - 2《清明上河图》，欣赏作品局部虹桥（图 5 - 16 - 8～图 5 - 16 - 11）。

图 5 - 16 - 8　　　　　　　　　　　图 5 - 16 - 9

图 5 - 16 - 10　　　　　　　　　　　图 5 - 16 - 11

教师：孩子们，刚才在欣赏画作的过程中，我发现你们看得都特别认真，还特别有意思！现在，就让我们一起看一看，你们看到这座桥了吗？它和现在的桥有什么不一样的地方吗？

幼儿：它没有桥墩。

教师：是的，小朋友们观察得特别仔细！那我们看看，它是用什么建造的呢？

幼儿：它是用木头和绳子建造的。

教师：是的，古代的人用了木头和绳子，利用榫卯结构搭建了这座虹桥。你们可别小看这座桥，它可是古代劳动人民智慧的结晶，因为它的跨度有40多米，中间没有桥墩，并且全是用木头做出来的。现在，再也没有人能够造出这样的桥，造这种桥的方法已经失传了。你们觉得可惜不可惜啊？但是，我们现在还能从《清明上河图》中欣赏到古代人民建桥的智慧。

**4. 集体交流，进一步欣赏。**

教师：桥上的人好多啊！这么热闹啊！他们都在干什么呢？我们放大画面的局部，仔细看一看，画面中桥上、桥下及桥边各有哪些人？他们在做什么？

幼儿：船要撞到桥了，他们在帮着把船帆收起来。

幼儿：桥上的人没看到船，他们还在过桥呢！他们有的骑着马。

幼儿：还有的挑着扁担过桥呢！桥两边还有人在买东西。

教师：那时候的人们使用哪些交通工具呢？

幼儿：有轿子，有马车，有牛车。

幼儿：不光有马车，还有人骑着马。

幼儿：我刚才还看见有人骑着骆驼，在街上走。

小结：你们观察得可真仔细呀！是的，在这幅画里，我们看到桥上有很多做着不同事情的人，有行人、卖东西的人、看热闹的人、桥下的人、船上的人、桥边店里的人。这幅画里还有不同的交通工具，比如，毛驴、马、独轮车、轿子、船等（图5-16-12～图5-16-15）。

图5-16-12

图5-16-13

图 5-16-14　　　　　　　　　　图 5-16-15

环节目的：鼓励幼儿有序地观察虹桥附近不同的人、事、物，并仔细观察画面细节。

数字化支持：利用希沃白板软件的放大功能，鼓励幼儿有序地观察画面，重点观察画面细节表现。

## （三）创作与表现

**1. 欣赏作品，大胆表达。**
教师播放视频 5-16-2《清明上河图》（白板课件），鼓励幼儿大胆表达。

**2. 想象创作内容。**
引导幼儿回忆幼儿园三年生活中记忆深刻的事件。

教师：今天，我们欣赏了这么美丽的画，画家张择端用绘画的方式记录了他印象中北宋时期人们最美好的生活，让今天的我们也能看到当时繁荣、热闹的市井文化，留下了一段美好的记忆。其实，绘画是一种特别有趣的、能记录我们精彩生活的方式。现在，你们马上就要毕业了。在幼儿园的三年生活里，一定也发生过让你们记忆特别深刻的事情。今天，就让我们也用长卷绘画的方式把这些美好的回忆记录下来吧！

**3. 自由创作。**
幼儿根据自己对三年幼儿园生活的回忆，运用长卷绘画的创作形式，分组自由创作（图 5-16-16、图 5-16-17）。

图 5-16-16　　　　　　　　　　图 5-16-17

**（四）分享与评价**

1. 教师与幼儿共同欣赏幼儿的绘画作品，鼓励幼儿大胆地介绍自己在绘画过程中的想法（图5－16－18、图5－16－19）。

图5－16－18

图5－16－19

教师：咱们来欣赏一下小朋友们共同绘制的长卷画。请你和你的好朋友说一说，你最喜欢画里的哪个部分？为什么？

幼儿：我最喜欢我画的和小朋友一起跳绳。

幼儿：我记忆最深刻的是，我上大班时第一次当宣讲员，在台上做了一回小小宣讲员。

幼儿：我画的是我每天早晨早早地起来，到幼儿园，带着其他小朋友一起晨跑。这是我最开心的事情！

**幼儿作品**（图5－16－20～图5－16－23）

图5－16－20

图5－16－21

图 5 - 16 - 22

图 5 - 16 - 23

**活动延伸**

1. 引导幼儿与同伴共同设计《我的毕业纪念册》。
2. 引导幼儿与同伴共同制作回忆故事绘本《我的幼儿园生活》。

**活动反思**

**1. 活动来源。**

《清明上河图》是我国十大名画之一，也是我国绘画历史长河中的瑰宝。作品中丰富、多变的人物造型，古代人民风土人情的绘画描述，都是孩子们能够欣赏的点。于是，我结合教研活动——美术欣赏，设计了本次美术欣赏活动。

**2. 活动过程反思。**

在活动中，我先用《清明上河图》的画家张择端大师引出话题，出示《清明上河图》，吸引幼儿的注意力。接着，引导幼儿初看《清明上河图》，观察画面，分段了解《清明上河图》的三个部分。这个环节，幼儿虽然都能认真、仔细地看画，但是说得还是太少。值得注意的是，幼儿回答完提问后，我应该多给幼儿一些反馈，好的加以引伸，错的加以改正。后续，我又带领幼儿观察画作局部虹桥上的人，包括人物的动作、做的事情等。

整个活动中，幼儿的学习、互动都很好，他们积极地参与、发言。在幼儿绘画《我的毕业纪念》作品时，幼儿表现出了极高的热情和创造力。他们用勾线笔，利用线描的绘画形式，描绘出了自己心目中的毕业纪念作品。有的画了和老师一起在操场打球，有的画了和小伙伴一起在操场跑步，还有的画了和老师、小伙伴们在一起的其他快乐时光。

从绘画技巧上看，幼儿的进步非常明显，他们学会了运用不同的线条来表现自己的想法，画面的构图也更加丰富。

**3. 作用和意义。**

本次活动对于幼儿的艺术素养和实践操作能力的提升具有重要的作用和意义：

（1）提高幼儿的审美能力和创造力。幼儿通过欣赏《清明上河图》，尝试用长卷画的形式绘画自己喜爱的毕业纪念作品，幼儿能够更加深入地了解和感受美的存在和价值。同时，在创作过程中，他们也能发挥自己的想象力和创造力，创造出更加丰富多彩的艺术作品。

（2）增强幼儿的自信心，激发兴趣、爱好。幼儿通过自己的努力创作出优秀的作品，他们能够更加自信地面对未来的挑战和困难。同时，也更加热爱艺术和生活，培养出更加积极向上的人生态度。

（3）增强幼儿的合作精神，树立集体意识。在绘画过程中，幼儿需要互相帮助、互相合作来完成作品。这不仅培养了他们的合作精神，让他们树立了集体意识，还提高了他们的人际交往能力和社会适应能力。

图书在版编目（CIP）数据

幼儿园数字化美术特色课程. 大班 / 佟丽文主编.
北京：中国农业出版社，2024. 5. -- ISBN 978-7-109
-32072-7

Ⅰ. G613. 6

中国国家版本馆 CIP 数据核字第 2024JK0117 号

幼儿园数字化美术特色课程（大班）
YOUERYUAN SHUZIHUA MEISHU TESE KECHENG （DABAN）

中国农业出版社出版

地址：北京市朝阳区麦子店街 18 号楼
邮编：100125
责任编辑：孙利平　张　志
版式设计：杨　婧　　责任校对：吴丽婷　　责任印制：王　宏
印刷：北京中兴印刷有限公司
版次：2024 年 5 月第 1 版
印次：2024 年 5 月北京第 1 次印刷
发行：新华书店北京发行所
开本：700mm×1000mm　1/16
印张：16.5
字数：314 千字
定价：68.00 元